日语完全教程

听力练习册

第一册

日本语教育教材开发委员会 编著
新东方日语教研组 编译

著作权合同登记号　图字：01-2012-8756

图书在版编目(CIP)数据

日语完全教程听力练习册.第一册 / 日本语教育教材开发委员会编著. — 北京：北京大学出版社，2013.1

（应用日本语系列）

ISBN 978-7-301-21606-4

Ⅰ.①日… Ⅱ.①日… Ⅲ.①日语–听说教学–水平考试–习题集 Ⅳ.①H369.9-44

中国版本图书馆CIP数据核字(2012) 第281802号

Copyright©西暦年号 by SenmonKyouiku Publishing Co., Ltd.

中国内の出版・販売権は北京大学出版社が有しており、それについて株式会社専門教育出版は同意した。

经由专门教育出版株式会社同意，本书在中国的出版、销售权归北京大学出版社所有。

书　　　名	日语完全教程听力练习册.第一册 RIYU WANQUAN JIAOCHENG TINGLI LIANXICE. DI-YI CE
著作责任者	日本语教育教材开发委员会　编著
责任编辑	兰　婷
标准书号	ISBN 978-7-301-21606-4
出版发行	北京大学出版社
地　　　址	北京市海淀区成府路205号　100871
网　　　址	http://www.pup.cn　新浪微博：@北京大学出版社
电子邮箱	编辑部 pupwaiwen@pup.cn　总编室 zpup@pup.cn
电　　　话	邮购部 010-62752015　发行部 010-62750672　编辑部 010-62759634
印　刷　者	北京鑫海金澳胶印有限公司
经　销　者	新华书店
	787毫米×1092毫米　16开本　6.5印张　120千字 2013年1月第1版　2024年9月第11次印刷
定　　　价	23.00元

未经许可，不得以任何方式复制或抄袭本书之部分或全部内容。

版权所有，侵权必究

举报电话：010-62752024　电子邮箱：fd@pup.pku.edu.cn

图书如有印装质量问题，请与出版部联系，电话：010-62756370

前言

本书是《日语完全教程》第一册的配套听力练习册。

《日语完全教程》教材由20课构成，每课的知识点按照句型和例句的顺序排列，课后附有「練習」（练习）栏目，用以确认学习者是否掌握了知识点，以及进行复习。

为了让学习者进一步掌握各课的知识点，我们出版发行了配套练习册。在课堂学习及课后自习中，通过教科书和练习册的搭配使用，可以有效提高学习者的阅读和书写能力。

这本听力练习册，为了提高学习者的听力而开发。题目中大量使用了简明易懂的插图，通过做题，学习者能建立视觉和听觉之间的牢固联系。另外，每课的后半部分，还设有比较完整的对话内容，以及要求仅凭声音来理解场景和人物心情的题目，对参加日语能力测试N5级的考试也极有裨益。

本书每5课设置一次名为「ふくしゅう」（复习）的考核测试，用以确认之前的学习效果。复习（1）、（2）满分为50分，复习（3）、（4）满分为100分。学习者可以用来自测，或者由教师对学习者的学习水平进行考查。

希望本书能帮助各位加深和巩固《日语完全教程》第一册的学习。

2012年9月

编者

使用说明

本編（正文）

正文部分有题目的解答栏和选择项，请一边听配套CD一边做题。CD中录有所有问题的指示会话和说明文字。请参考各课的题号中提示的编号，播放相应位置音频文件。

ふくしゅう（复习）

每5课设置一次复习,全书一共4次。(1)、(2)满分为50分,(3)、(4)满分为100分。录音播放方法和练习相同。可以根据各班级或个人学习进度来进行测试。

复习部分设有「先生と一緒に読みましょう」（和老师一起读）栏目，内容为日语的一些发音特点。举例说明了语调、声调、发音与写法的不对应、停顿等规则。选定这些内容出发点是为了促进日语学习，所以希望各位能在课堂学习中应用这些知识。

スクリプト（原文）

20课听力题之后为各课的听力材料原文。学习者在听CD，做题之后，如果发现做错，或者听不明白的地方，可以一边确认文字，一边回顾相关内容。

解答（答案）

答案放在本书的最后，请做完题目之后进行参考。

もくじ

	もんだい	スクリプト （听力原文）
前言		3
使用说明		4
第1課	6	54
第2課	8	56
第3課	10	58
第4課	12	60
第5課	14	62
ふくしゅう（1）	16	63
第6課	18	65
第7課	20	66
第8課	22	68
第9課	24	70
第10課	26	72
ふくしゅう（2）	28	74
第11課	30	76
第12課	32	77
第13課	34	79
第14課	36	81
第15課	38	82
ふくしゅう（3）	40	85
第16課	42	87
第17課	44	89
第18課	46	90
第19課	48	92
第20課	50	94
ふくしゅう（4）	52	95
答案		98

第1課

もんだい1 何さいですか。こたえに〇を書きます。　No. 2

(れい) こたえ（a. 15さい　b. 25さい）
(1)（a. 20さい　b. 8さい）　　(2)（a. 21さい　b. 11さい）
(3)（a. 29さい　b. 39さい）　　(4)（a. 38さい　b. 28さい）
(5)（a. 49さい　b. 59さい）

もんだい2 国はどこですか。何さいですか。（ ）にこたえを書きます。　No. 3

a 中国　b ブラジル　c アメリカ　d 韓国　e 日本　f タイ

(れい) スタットさん　　（ f ）（ 25　さい）
(1) イーさん　　　　　（　）（　　　さい）
(2) カルロスさん　　　（　）（　　　さい）
(3) りゅうさん　　　　（　）（　　　さい）
(4) リンさん　　　　　（　）（　　　さい）

もんだい3　I　あっている絵はどちらですか。　No. 4

(れい) ___a___

(1) _____

(2) _____

a

b

Ⅱ　ただしいこたえはどちらですか。

(れい)　__b__　　(1) _____　　(2) _____

もんだい4　ぶんを聞いてことばを書きます。　　🅘 No. 5

(れい)　___これは___　ペンです。
(1) _____ えんぴつです。
(2) _____ えんぴつです。
(3) _____ えんぴつです。

もんだい5　あっている絵はどれですか。　　🅘 No. 6

 a　 b　 c　 d

(れい)　__a__　　(1) _____　　(2) _____　　(3) _____

もんだい6　男の人と女の人が話します。あとでしつもんが　🅘 No. 7
あります。しつもんのこたえはどちらですか、〇
を書きます。

(れい)　1 (ⓐ　b)　　2 (a　ⓑ)
(1)　1 (a　b)　　2 (a　b)
(2)　1 (a　b)　　2 (a　b)

第2課

もんだい1 いくらですか。　　　　　　　　　　　　　　　　　　Ⅰ No. 8

(れい)（　300　円）
(1)（　　　円）　(2)（　　　円）　(3)（　　　円）
(4)（　　　円）　(5)（　　　円）

もんだい2　Ⅰ　ぶんと絵があっているものには〇、あっていないものには×を書きます。　　Ⅰ No. 9

(れい) ＿〇＿ 　　(1) ＿＿＿

(2) ＿＿＿ 　　(3) ＿＿＿

Ⅱ　ぶんを聞いてことばを書きます。

(れい) スーパーは ＿＿どこ＿＿ ですか。
(1) トイレは ＿＿＿＿＿ です。
(2) トイレは ＿＿＿＿＿ ですか。
(3) トイレは ＿＿＿＿＿ です。
(4) トイレは ＿＿＿＿＿ ですか。

もんだい3 ただしいこたえはどちらですか。　　　　　　　　**I** No. 10

(れい) __a__　(1) _____　(2) _____　(3) _____

もんだい4 男の人と女の人が話します。あとでしつもんが　**I** No. 11
あります。しつもんのこたえはどちらですか、〇
を書きます。

(1) 1 (a　　b)　2 (a　　b)
(2) 1 (a　　b)　2 (a　　b)

もんだい5 男の人と女の人が話します。あとでしつもんが　**I** No. 12
あります。(　)にこたえを書きます。

(れい) 1 (　かいぎしつ　)　2 (　　2かい　　)
(とい) 1 (　　　　　　　)　2 (　　　　　　　)

第2課

第 3 課

もんだい1 あっている絵はどれですか。　　　Ⅰ No. 13

(れい) (b)　a 　b 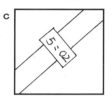　c

(1) (　　)　a 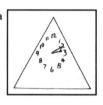　b 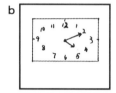　c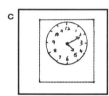

(2) (　　)　a 　b 　c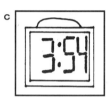

(3) (　　)　a 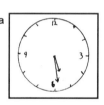　b 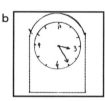　c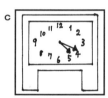

(4) (　　)　a 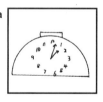　b 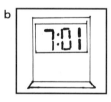　c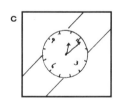

もんだい2 何時ですか。　　　Ⅰ No. 14

(れい) (3：05)
(1) (　　：　　) (2) (　　：　　) (3) (　　：　　)
(4) (　　：　　) (5) ごぜん (　　：　　) ～ごご (　　：　　)
(6) ごぜん (　　：　　) ～ごご (　　：　　)

もんだい3 こたえがただしいものには〇、ただしくないもの　Ⅰ No. 15
には×を書きます。

(れい) ___○___ (1) _____ (2) _____ (3) _____

もんだい4 ただしいぶんはどちらですか。　　　　　　　Ⅰ No. 16

(れい) ___a___
(1) _____ (2) _____ (3) _____ (4) _____

もんだい5 Ⅰ　ただしいぶんには○、ただしくないぶんに　　Ⅰ No. 17
　　　　　　　は×を書きます。

(れい) ___×___ (1) _____ (2) _____ (3) _____

　Ⅱ　ただしいこたえはどちらですか。

(れい) ___b___ (1) _____ (2) _____ (3) _____

もんだい6 男の人が話します。あとでしつもんがあります。　Ⅰ No. 18
　　　　　　しつもんのこたえはどちらですか、○を書きます。

1 (a 　 b) 　2 (a 　 b) 　3 (a 　 b)

もんだい7 男の人と女の人が話します。あとでしつもんが　Ⅰ No. 19
　　　　　　あります。( )にこたえを書きます。

1 (　　　　　　　) です。
2 (　　　　　　　) です。
3 (　　　　　　　) です。

第3課

第 4 課

もんだい1 何月何日ですか。　　　　　　　　　　　　　　Ⅰ No. 20

(れい)（ 5月14日 ）
(1)（　月　　日）　(2)（　月　　日）　(3)（　月　　日）
(4)（　月　　日）　(5)（　月　　日）　(6)（　月　　日）

もんだい2 ただしいぶんはどちらですか。　　　　　　　Ⅰ No. 21

(れい) ___a___
(1) _____　(2) _____　(3) _____　(4) _____
(5) _____

もんだい3 何で、どこへ、どうしましたか。　　　　　Ⅰ No. 22

①：a. ひこうき　　b. ふね　　　　c. しんかんせん　d. くるま
②：a. アメリカ　　b. かいしゃ　　c. 大阪　　　　　d. 韓国
③：a. 行きます　　b. かえります　c. 来ます

(れい) ①（ a ）　②（ a ）　③（ b ）
(1) ①（　）　②（　）　③（　）
(2) ①（　）　②（　）　③（　）
(3) ①（　）　②（　）　③（　）

もんだい4 ぶんを聞いてしつもんにこたえます。　　　　Ⅰ No. 23

(れい) ___あに___
(1) _____　(2) _____　(3) _____
(4) _____　(5) _____

もんだい5 女の人が話します。あとでしつもんがあります。　🅘 No. 24
しつもんのこたえはどちらですか、○を書きます。

1 (a b)　2 (a b)　3 (a b)　4 (a b)

もんだい6 男の人と女の人が話します。あとでしつもんが　🅘 No. 25
あります。(　)にこたえを書きます。

1 (　　　　　　　) へ 行きます。
2 (　　　　　　　) に 行きます。
3 (　　　　　　　) と 行きます。
4 (　　　　　　　) で 行きます。

第4課

第 5 課

もんだい1 どこで何をしましたか。　　　　　　　　　　　　　Ⅰ No. 26

ばしょ

a　　b　　c　　d　　e

どうし

ア　　イ　　ウ　　エ　　オ

（れい）　a　で　ア
(1) _____ で _____　　(2) _____ で _____
(3) _____ で _____　　(4) _____ で _____

もんだい2 ぶんを聞いてことばを書きます。　　　　　　　　Ⅰ No. 27

（れい）ワンさんは　　ごはんを　　食べます。

(1) けさ、ごはんを _____ 。
(2) きのう、ともだちに _____ 書きました。
(3) あした、_____ 見ますか。
(4) こんばん、_____ 。

もんだい3 ぶんを聞いてしつもんにこたえます。　　　　　　Ⅰ No. 28

（れい）　はし
(1) _____　(2) _____　(3) _____

もんだい4 ぶんと絵があっているものには〇、あっていない
ものには×を書きます。　　　　　　　　　　　Ⅰ No. 29

(れい) 〇

(1) ____

(2) ____

(3) ____

(4) ____

第5課

もんだい5 ただしいこたえはどちらですか。　　　Ⅰ No. 30

(れい) ___b___
(1) _____　　(2) _____
(3) _____　　(4) _____

もんだい6 男の人と女の人が話します。あとでしつもんが　Ⅰ No. 31
あります。しつもんのこたえはどちらですか、〇
を書きます。

1 (a　　b)　　2 (a　　b)　　3 (a　　b)

15

ふくしゅう (1) 　　月 日 名前：＿＿＿＿＿＿＿　　/50てん

もんだい1 かいわを聞いてことばを書きます。　　No. 32

(れい) 木村さんは ＿スーパー＿ で ＿やさいとくだもの＿ を
かいます。スーパーは、あさ＿10：30＿ ～ よる＿11：00＿
までです。

(1) ビルさんはとしょかんで ＿＿＿＿＿＿ 。
としょかんは ごぜん＿＿：＿＿ ～ ごご＿＿：＿＿までです。

(2) キムさんは、ともだちと ＿＿＿＿＿＿ でえいがを見ます。
えいがは ＿＿：＿＿ ～ ＿＿：＿＿ までです。

(3) 二人は、きっさてんで ＿＿＿＿＿＿ 。
きっさてんは、ごぜん＿＿：＿＿ ～ ごご＿＿：＿＿までです。

×4点 (36)

もんだい2 かいわとあっている絵はどれですか。　　No. 33

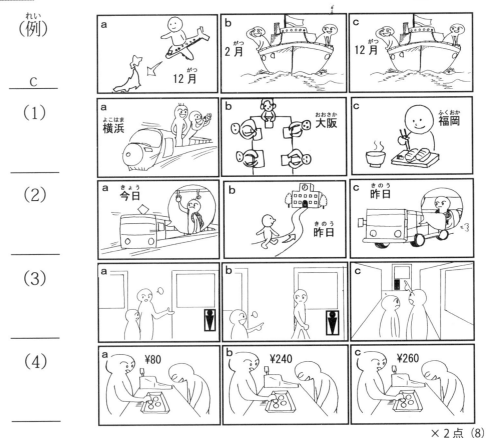

×2点 (8)

もんだい3 かいわを聞いて、社長のスケジュールをカレンダーに書きます。　🎧 No. 34

a

b

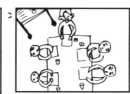
c

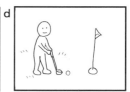
d

e

f

g

h

月	火	水	木	金	土	日
	1 (れい) g	2	3	4	5	6
7	8	9	10	11	12	13
14	15	16	17	18	19	20
21	22	23	24	25	26	27
28	29	30	31			

×2点（6）

＊先生と一緒に読みましょう。
　～日本語のとくちょう①～

「か」のイントネーション

◆日本語は、文の最後に「か」をつけると、疑問文になります。
　「これは本です。」→「これは本ですか。」

しかし、ただ「か」をつけただけでは、疑問文にはなりません。
　「ああ、これは本ですか。」（確認文）

「か」をつけて、その「か」にイントネーションをつけて、初めて疑問文になります。
　「これは、本ですか？」　→　（疑問文）

第 6 課

もんだい1 ぶんの中の形容詞とあっている絵はどれですか。　No. 35

（例）（ c ）
(1) (　　　)　(2) (　　　)　(3) (　　　)
(4) (　　　)　(5) (　　　)

もんだい2 ぶんを聞いてことばを書きましょう。　No. 36

（例）横浜は ＿＿おもしろい＿＿ まちです。
(1) これは ＿＿＿＿＿＿ もんだいですか。
(2) 今日はぜんぜん ＿＿＿＿＿＿ です。
(3) 京都は ＿＿＿＿＿＿ まちですか。
(4) あの人は ＿＿＿＿＿＿ 人です。
(5) ワンさんのぼうしは ＿＿＿＿＿＿ です。
(6) きのう、ともだちと ＿＿＿＿＿＿ こうえんで、＿＿＿＿＿＿ パンを食べました。
(7) 今日は ＿＿＿＿＿＿ 。＿＿＿＿＿＿ つかれました。

もんだい3 ぶんを聞いてしつもんにこたえましょう。　　　　Ⅰ No. 37

(例)　ひこうき
(1) _____　　(2) _____　　(3) _____

もんだい4 ただしいぶんはどちらですか。　　　　Ⅰ No. 38

(例)　a
(1) _____　　(2) _____　　(3) _____

もんだい5 男の人と女の人が話します。あとでしつもんが　　Ⅰ No. 39
あります。しつもんのこたえはどちらですか、○
を書きましょう。

1 (a　　b)　　2 (a　　b)　　3 (a　　b)

もんだい6 男の人と女の人が話します。あとでしつもんが　　Ⅰ No. 40
あります。( )にこたえを書きましょう。

1 (　　　　　　　　) ちかいです。
2 (　　　　　) ですが、(　　　　　　) です。
3 (　　　　　　　　　　　)。

第6課

第 7 課

もんだい1 ぶんの中の形容詞とあっている絵はどれですか。　No. 1

(例)（ c ）
(1)（　　　）　　(2)（　　　　）　　(3)（　　　　）
(4)（　　　）　　(5)（　　　　）

もんだい2 ぶんを聞いてしつもんにこたえましょう。　No. 2

(例)　＿＿りんご＿＿　がすきです。
(1)　＿＿＿＿＿＿＿＿　がじょうずです。
(2)　＿＿＿＿＿＿＿＿＿＿＿＿　から。
(3)　＿＿＿＿＿＿＿＿＿＿＿＿　から。

もんだい3 ただしいこたえはどちらですか。　No. 3

(例)　＿＿b＿＿
(1)　＿＿＿＿＿＿　　(2)　＿＿＿＿＿＿
(3)　＿＿＿＿＿＿　　(4)　＿＿＿＿＿＿

もんだい4 ぶんを聞いてことばを書きましょう。　　Ⅱ　No. 4

(例) 新宿は ___人が___ おおいです。そしてとても
　　 ___にぎやかです___ 。

(1) みなさんは、今の _____ わかりましたか。
(2) わたしは _____ べんきょうしましたから、
　　 _____ すこしわかります。
(3) A：一人ぐらしは _____ ですか。
　　 B：たのしいですが、_____ たいへんです。

もんだい5 男の人と女の人が話します。あとでしつもんが　　Ⅱ　No. 5
あります。しつもんのこたえはどちらですか、〇
を書きましょう。

1 (a　　b)　2 (a　　b)　3 (a　　b)

もんだい6 男の人と女の人が話します。あとでしつもんが　　Ⅱ　No. 6
あります。(　)にこたえを書きましょう。

1 (　　　　　　　) がいちばんすきです。
2 (　　　　　　　　　　　)。
3 (　　　　　　　) のほうがすきです。

第7課

第 8 課

もんだい1 ぶんと同じばしょにしるしがある絵はどれですか。 No. 7

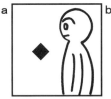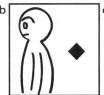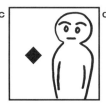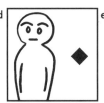
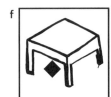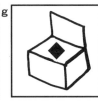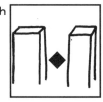

(例)（ d ）
(1)（　　） (2)（　　） (3)（　　）
(4)（　　） (5)（　　） (6)（　　）

もんだい2 かずをひらがなでこたえましょう。 No. 8

(例)（ ごにん ）
(1)（　　） (2)（　　） (3)（　　）
(4)（　　） (5)（　　） (6)（　　）
(7)（　　） (8)（　　） (9)（　　）
(10)（　　）

もんだい3 ぶんと絵があっているものには○、あっていない No. 9
ものには×を書きましょう。

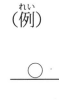 (1) 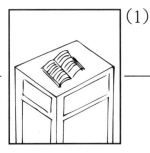 (2)

もんだい4 ぶんを聞いてことばを書きましょう。　　🎧 No. 10

(例) わたしのあには大阪に3年 ___います___ 。

(1) 1週間に _____ 、すうがくのじゅぎょうが _____ 。

(2) A: 新宿駅から横浜駅まで _____ どのくらい _____ か。

　　B: _____ かかります。

(3) A: 田中さんは _____ えいがを _____ 見ましたか。

　　B: _____ は _____ 見ました。

もんだい5 女の人が話します。あとでしつもんがあります。　🎧 No. 11
しつもんのこたえはどちらですか、〇を書きましょう。

1 (a　　b)　2 (a　　b)　3 (a　　b)

もんだい6 男の人と女の人が話します。あとでしつもんが　🎧 No. 12
あります。( ) にこたえを書きましょう。

1 (　　　　　　　) です。
2 (　　　　　　　) があります。
3 (　　　　　　　) にあります。

第8課

第 9 課

もんだい1 ぶんとあっている絵はどれですか。　　🅰 No. 13

(例)（ b ）
(1)（　　） (2)（　　） (3)（　　）
(4)（　　） (5)（　　）

もんだい2 ただしいこたえはどちらですか。　　🅰 No. 14

(例)　b
(1)_____ (2)_____ (3)_____

もんだい3 ただしいこたえはどちらですか。　　🅰 No. 15

(例)　a
(1)_____ (2)_____ (3)_____

もんだい4 ぶんを聞いてことばを書きましょう。　　🅰 No. 16

(例) ビルさんがうちへ　あそびに　来ました。
(1) 東京タワーのしゃしんを _____ 行きます。
(2) 京都へふるいおてらを _____ 行きます。

(3) A: いつじぶんの国へかえりますか。
　　B: 10月にかえりますか。
　　A: 何を ＿＿＿＿＿＿＿＿ かえりますか。
　　B: かぞくに ＿＿＿＿＿＿＿＿ かえります。

もんだい5 ただしいぶんはどちらですか。　　　Ⅱ　No. 17
(例) ＿a＿
(1) ＿＿＿＿＿　(2) ＿＿＿＿＿　(3) ＿＿＿＿＿

もんだい6 男の人と女の人が話します。そのあとでぶんを　Ⅱ　No. 18
読みます。そのぶんがただしいときは○、ただし
くないときは×を書きましょう。

(例) 1 (×)　2 (○)
(とい) 1 (　　)　2 (　　)　3 (　　)

もんだい7 男の人と女の人が話します。あとでしつもんが　Ⅱ　No. 19
あります。(　)にこたえを書きましょう。

1 (　　　　　　　　　) ます。
2 (　　　　　　　　　) ます。
3 (　　　　　　　　　) へ　かいに行きます。

第9課

第 10 課

もんだい1 ぶんの中の動詞をます形で書きましょう。　　Ⅱ No. 20

(例) (ききます)
(1) (　　　　　) (2) (　　　　　) (3) (　　　　　)
(4) (　　　　　) (5) (　　　　　) (6) (　　　　　)
(7) (　　　　　) (8) (　　　　　) (9) (　　　　　)
(10) (　　　　　)

もんだい2 ただしいぶんはどちらですか。　　Ⅱ No. 21

(例) ＿a＿
(1) ＿＿＿＿　(2) ＿＿＿＿　(3) ＿＿＿＿

もんだい3 ぶんを聞いてしつもんにこたえましょう。　　Ⅱ No. 22

(例) ＿2年前＿
(1) ＿＿＿＿＿＿＿　(2) ＿＿＿＿＿＿＿
(3) ＿＿＿＿＿＿＿　(4) ＿＿＿＿＿＿＿

もんだい4 絵とあっているぶんはどれですか。　　Ⅱ No. 23

(例) ＿a＿

(1) ＿＿＿＿

(2) ＿＿＿＿

もんだい5 男の人が話します。あとでしつもんがあります。　Ⅱ　No. 24
しつもんのこたえはどちらですか、〇を書きましょう。

1 (a　　b)　　2 (a　　b)　　3 (a　　b)

もんだい6 男の人と女の人が話します。そのあとでぶんを　Ⅱ　No. 25
読みます。そのぶんがただしいときは〇、ただしくないときは×を書きましょう。

1 (　　)　　2 (　　)　　3 (　　)

ふくしゅう (2) ≫　月　日　名前：＿＿＿＿＿＿＿　　／50てん

もんだい1　かいわを聞いてことばを書きましょう。　　No. 26

(例) 女の人のいえは ＿＿きれい＿＿ です。
(1) ワンさんは ＿＿＿＿＿＿ おちゃをのみました。
(2) 学校のべんきょうは ＿＿＿＿＿ ですが、＿＿＿＿＿ です。
(3) ワンさんのいえは、＿＿＿＿＿＿ です。
(4) ワンさんは、中国りょうりのレストランにときどき食べに行きます。そのレストランは、りょうりが ＿＿＿＿＿＿ です。そして、＿＿＿＿＿ 。
(5) ワンさんは、＿＿＿＿＿＿ より ＿＿＿＿＿＿ のほうがすきです。
(6) ワンさんは、今年の ＿＿＿＿＿＿ に、＿＿＿＿＿＿ へ行きたいです。

×2点 (20)

もんだい2　かいわを聞いてことばを書きましょう。　　No. 27

(例) ビルさんは、あした ＿＿テストです＿＿ から、かんじのべんきょうをしています。
(1) 男の人は、はしは ＿＿＿＿＿＿＿ から、フォークをもらいました。
(2) 男の人は、うたが ＿＿＿＿＿＿＿ から、こんばんカラオケへ行きません。
(3) 男の人は、＿＿＿＿＿＿＿ から、犬よりねこのほうがすきです。
(4) 男の人は、＿＿＿＿＿＿＿ から、いつもえんぴつで書きます。

×5点 (20)

もんだい3 かいわとあっている絵はどれですか。 No. 28

a 	b 	c 	d 
e 	f 	g 	h 

(例)(g)
(1)(   )　(2)(   )　(3)(   )
(4)(   )　(5)(   )

×2点(10)

---

*先生と一緒に読みましょう。
〜日本語のとくちょう②〜

アクセント（音の強さ）

言葉のアクセントが違うと、意味も違います。

(例) はし → は￣し↓ → 箸

　　　　↓ ＿し￣ → 橋

(例) わたしは 犬を かっています。

　　　　↓ かっ￣ています → 飼っています

　　　　　＿かっ￣ています → 買っています

・アクセントをつけて、意味の違う言葉を使い分けましょう。

第 11 課

もんだい1 ぶんとあっている絵はどれですか。　No. 29

(例) (q → m → o)
(1) (　　　→　　　→　　　)　(2) (　　　→　　　→　　　)
(3) (　　　→　　　→　　　)　(4) (　　　→　　　→　　　)
(5) (　　　→　　　→　　　)　(6) (　　　→　　　→　　　)

もんだい2 ぶんを聞いて、ます形で書きましょう。　No. 30

(例) おきます → ____かおをあらいます____ → あさごはんを
食べます → ____はをみがきます____ → きがえます
→ いえを出ます
(1) ともだちと新宿で _____ → 図書館でべん
きょうします → いえに帰ります → _____

(2) あしたは _____ → _____
　　→ ゆうがた、こいびとと しょくじをします

もんだい3 ただしいこたえはどちらですか。　　　　II　No. 31
(例)　　a
(1) _____　　(2) _____　　(3) _____

もんだい4 ぶんを聞いてしつもんに「はい」、「いいえ」でこ　II　No. 32
　　　　　たえましょう。
(例)　　はい
(1) _____　　(2) _____
(3) _____　　(4) _____

もんだい5 ぶんを聞いてことばを書きましょう。　　II　No. 33
(例)　　さんぽをしてから　　ごはんを食べます。
(1) きってをかって、ここに _____ ハガキを出してください。
(2) あそこのきっさてんでコーヒーでも _____ 話しましょう。
(3) ラジオで音楽を _____ まいにちべんきょうしています。

もんだい6 男の人と女の人が話します。あとでしつもんが　II　No. 34
　　　　　あります。しつもんのこたえはどちらですか、○
　　　　　を書きましょう。

1 (a 　 b)　　2 (a 　 b)　　3 (a 　 b)

第11課

31

第 12 課

もんだい1 ぶんを聞いてことばを書いてください。　No. 35

(例)（　とめない　）でください。
(1)（　　　　　）でください。
(2)（　　　　　）でください。
(3)（　　　　　）でください。
(4)（　　　　　）でください。
(5)（　　　　　）でください。

もんだい2 ぶんとあっている絵はどれですか。　No. 36

(例)　　a
(1)　_____　(2)　_____　(3)　_____

もんだい3 ぶんを聞いてしつもんに「はい」、「いいえ」でこたえてください。　No. 37

(例)　　いいえ
(1)_____　(2)_____　(3)_____　(4)_____

もんだい4 ただしいこたえはどちらですか。　　　　　　　　　Ⅱ　No. 38

(例) ___a___

(1) _____　　(2) _____　　(3) _____

もんだい5 かいわとあっている絵はどれですか。　　　　　　　Ⅱ　No. 39

(例) ___a___

(1) _____

(2) _____

(3) _____

もんだい6 男の人と女の人が話します。そのあとでぶんを読みます。そのぶんがただしいときは○、ただしくないときは×を書いてください。　　Ⅱ　No. 40

1 (　　)　　2 (　　)　　3 (　　)　　4 (　　)

もんだい7 男の人と女の人が話します。あとでしつもんがあります。( )にこたえを書いてください。　　Ⅱ　No. 41

1 (　　　　　　　) が ありました。
2 (　　　　　　　　　　　)。
3 (　　　　　　　)、べんきょうしなければなりません。

第12課

第 13 課

もんだい1 ぶんとあっている絵はどれですか。 No. 42

| a | b | c | d |
| e | f | g | h |

(例)（ e ）
(1)（　　）　(2)（　　）　(3)（　　）
(4)（　　）　(5)（　　）　(6)（　　）

もんだい2 ただしいこたえはどちらですか。 No. 43

(例)　b
(1) _____　(2) _____　(3) _____

もんだい3 ただしいかいわには○、ただしくないものには×を書いてください。 No. 44

(例)　○
(1) _____　(2) _____　(3) _____

もんだい4 ぶんを聞いてしつもんに「はい」、「いいえ」でこたえてください。 No. 45

(例)　はい
(1) _____　(2) _____　(3) _____

もんだい5 男の人と女の人が話します。あとでしつもんが　Ⅱ　No.46
あります。しつもんのこたえはどちらですか、○
を書いてください。

1 (a　　b)　　2 (a　　b)　　3 (a　　b)

もんだい6 男の人と女の人が話します。そのあとでぶんを　Ⅱ　No.47
読みます。そのぶんがただしいときは○、ただし
くないときは×を書いてください。

1 (　　)　　2 (　　)　　3 (　　)　　4 (　　)

第13課

第 14 課

もんだい 1　ぶんとあっている絵はどれですか。 No. 1

(例) (h)
(1) (　　)　　(2) (　　)　　(3) (　　)
(4) (　　)　　(5) (　　)　　(6) (　　)

もんだい 2　ぶんとあっている絵はどちらですか。 No. 2

(例)

　a

(1)

―――

(2) a　　　　　　　　　　　　　b

(3) a　　　　　　　　　　　　　b

第14課

もんだい3 ぶんを聞いてことばを書いてください。　No.3

(例) A: あなたはだれにネクタイをかって ___あげました___ か。
B: 父にかって ___あげました___ 。

(1) A: _____ クリスマスカードをもらいましたか。
B: _____ もらいました。

(2) A: そのプレゼントは _____ あげますか。
B: いえ、これは道子さんに _____ 。

(3) A: だれに道をおしえて _____ 。
B: ちずを見て _____ 来ました。

もんだい4 男の人と女の人が話します。あとでしつもんが　No.4
あります。しつもんのこたえはどちらですか、○
を書いてください。

1 (a　　b)　2 (a　　b)　3 (a　　b)

第 15 課

もんだい1 ぶんの中の辞書形の動詞を書いてください。　No. 5

(例) (読む)
(1) (　　　　)　(2) (　　　　)　(3) (　　　　)
(4) (　　　　)　(5) (　　　　)　(6) (　　　　)
(7) (　　　　)　(8) (　　　　)

もんだい2 ぶんを聞いてことばを書いてください。　No. 6

(例) きょうしつが ＿＿しずかに＿＿ なりました。
(1) いっしょうけんめいべんきょうしましたから、日本語が ＿＿＿＿＿＿ なりました。
(2) わたしは、来月の10日に、＿＿＿＿＿＿ なります。
(3) もう12月ですから、とても ＿＿＿＿＿＿ なりました。

もんだい3 ただしいぶんはどちらですか。　No. 7

(例)　b
(1) ＿＿＿＿　(2) ＿＿＿＿　(3) ＿＿＿＿

もんだい4 ぶんを聞いてしつもんにこたえてください。　No. 8

(例) ＿＿インターネットをすること＿＿
(1) ＿＿＿＿＿＿＿＿＿＿＿＿
(2) ＿＿＿＿＿＿＿＿＿＿＿＿
(3) ＿＿＿＿＿＿＿＿＿＿＿＿

もんだい5 ぶんを聞いてしつもんにこたえてください。　　🔊 No.9

(例)　　　さとう　　　
(1)　＿＿＿＿＿＿＿＿＿
(2)　＿＿＿＿＿＿＿＿＿
(3)　＿＿＿＿＿＿＿＿＿

もんだい6 男の人と女の人が話します。あとでしつもんが　🔊 No.10
あります。しつもんのこたえはどちらですか、○
を書いてください。

1 (a 　　 b)　　2 (a 　　 b)　　3 (a 　　 b)

もんだい7 男の人と女の人が話します。そのあとでぶんを　🔊 No.11
読みます。そのぶんがただしいときは○、ただし
くないときは×を書いてください。

1 (　　)　　2 (　　)　　3 (　　)　　4 (　　)

第15課

ふくしゅう (3)　月　日　名前：＿＿＿＿＿＿　／100てん

もんだい1　かいわを聞いてことばを書いてください。　No. 12

　男の人は、せんげつ、はじめて（例）　イタリア　へ行きました。男の人は、ひこうきに (1)＿＿＿＿＿、香港で (2)＿＿＿＿＿＿ それから、ローマへ行きました。

　ローマは、(3)＿＿＿＿＿ が (4)＿＿＿＿＿ 、(5)＿＿＿＿＿ ところでした。

　イタリア人はみんな (6)＿＿＿＿＿ 、(7)＿＿＿＿＿ です。男の人は、まちの中のホテルにとまりました。ホテルは (8)＿＿＿＿＿ 、(9)＿＿＿＿＿ へやでした。

　まちの中のきっさてんで、(10)＿＿＿＿＿ ながら、いろいろな人を (11)＿＿＿＿＿ 。

×4点(44)

もんだい2　男の人が話します。そのあとでぶんを読みます。そのぶんがただしいときは○、ただしくないときは×を書いてください。　No. 13

（例）　○
(1)＿＿＿＿　(2)＿＿＿＿　(3)＿＿＿＿
(4)＿＿＿＿　(5)＿＿＿＿

×4点(20)

もんだい3　かいわを聞いてしつもんに「はい」、「いいえ」でこたえてください。　No. 14

（例）　はい
(1)＿＿＿＿　(2)＿＿＿＿　(3)＿＿＿＿
(4)＿＿＿＿

×4点(16)

もんだい4 かいわを聞いてことばを書いてください。　　🎧 No. 15

(例) 男の人は、＿＿なつになる＿＿ と ＿＿うみに行きたく＿＿ なります。
(1) 女の人は、＿＿＿＿＿＿ と ＿＿＿＿＿＿ なります。
(2) 男の人は、＿＿＿＿＿＿ と ＿＿＿＿＿＿ なります。
(3) 男の人は、＿＿＿＿＿＿ と ＿＿＿＿＿＿ なります。
(4) 男の人は、＿＿＿＿＿＿ と ＿＿＿＿＿＿ なります。
(5) 女の人は、＿＿＿＿＿＿ と ＿＿＿＿＿＿ なります。

× 4点（20）

＊先生と一緒に読みましょう。
〜日本語のとくちょう③〜

「い」「う」と書いて「え」「お」と読む。

　単語の中に出てくる「い」「う」は、読むときに「え」「お」と読むときがあるので気をつけましょう。また、カタカナで書くときは「ー」で表します。

(例) 映画、携帯（電話）、東京、料理、小説

　書くとき　→　えいが、けいたい、とうきょう、りょうり、しょうせつ
　読むとき　→　ええが、けえたい、とおきょお、りょおり、しょおせつ
　カタカナ　→　エーガ、ケータイ、トーキョー、リョーリ、ショーセツ
　ローマ字　→　e**i**ga、ke**i**tai、to**u**kyou、ryo**u**ri、syo**u**setu

　「ke・i・ta・i」、「ryo・u・ri」と、書いてある通りにしっかり読まないで、「け」や「りょ」を「**伸ばす**（「ケー」「リョー」）」感じで発音すると自然な発音になります。

第 16 課

もんだい1 ぶんの中のた形の動詞を書いてください。 No. 16

(例)（ 行った ）
(1)（　　　　　）　(2)（　　　　　）　(3)（　　　　　）
(4)（　　　　　）　(5)（　　　　　）　(6)（　　　　　）

もんだい2 ただしいこたえはどちらですか。 No. 17

(例)　b
(1) _____　(2) _____　(3) _____

もんだい3 ぶんを聞いてことばを書いてください。 No. 18

(例) わたしは、休みの日にいえで ___せんたくしたり___ 、デパートへ行って ___かいものしたり___ します。
(1) わたしは、休みの日にこうえんでいぬと _____ 、ビデオをかりて _____ します。
(2) わたしは、なつ休みにうみへ行って _____ 、山へ _____ したいです。
(3) わたしは、来週、京都へ行って古いおてらを _____ おいしいりょうりを _____ します。

もんだい4 a、bのぶんのいみがおなじものには○、ちがうものには×を書いてください。 No. 19

(例)　×
(1) _____　(2) _____　(3) _____

もんだい5 ぶんを聞いてしつもんにこたえてください。　　　No. 20

(例)　　　しごとをかたづけたあと　　で、かえります。
(1) ＿＿＿＿＿＿＿＿＿＿＿＿＿＿＿で、食べます。
(2) ＿＿＿＿＿＿＿＿＿＿＿＿＿＿＿で、読みます。
(3) ＿＿＿＿＿＿＿＿＿＿＿＿＿＿＿で、あびます。

もんだい6 男の人と女の人が話します。そのあとでぶんを読みます。そのぶんがただしいときは○、ただしくないときは×を書いてください。　　　No. 21

1（　　　）　2（　　　）　3（　　　）　4（　　　）

もんだい7 男の人と女の人が話します。あとでしつもんがあります。（　）にこたえを書いてください。　　　No. 22

1（　　　　　　　　　　　　　　　）。
2（　　　　　　　）へ行ったことがあります。
3（　　　　　　　　　　　　　　　）。

第16課

第 17 課

もんだい1 ぶんを聞いて、ことばを普通形にして書いてください。 No. 23

(例) 今日どこに（ 行く ）？
(1) 今日ははれると（　　　　　）。
(2) 田中さんは（　　　　　）。
(3) こうえんに（　　　　　）？
(4) そう（　　　　）
(5) （　　　　、　　　　　）よ。

もんだい2 ぶんとあっている絵はどれですか。 No. 24

(例) （ e ）
(1) （　　　）　(2) （　　　）　(3) （　　　）
(4) （　　　）　(5) （　　　）

もんだい3 a、bのぶんのいみがおなじものには○、ちがうものには×を書いてください。 No. 25

(例) ＿＿○＿＿
(1) ＿＿＿＿＿　(2) ＿＿＿＿＿　(3) ＿＿＿＿＿

もんだい4 ただしいこたえはどちらですか。　　　　　　　　　　Ⅲ　No. 26

(例)　　a
(1)　_____　　(2)　_____　　(3)　_____

もんだい5 ぶんと絵があっているものには〇、あっていない　　Ⅲ　No. 27
ものには×を書いてください。

(例)　〇

(1)　_____

(2)　_____

第17課

もんだい6 男の人と女の人が話します。あとでしつもんが　　Ⅲ　No. 28
あります。(　)にこたえを書いてください。

1 (　　　　　　　　　　　) から。
2 (　　　　　　　　　　　) から。
3 (　　　　　　　　　　　) から。

第 18 課

もんだい1 ぶんを聞いて絵にこたえを書いてください。　No. 29

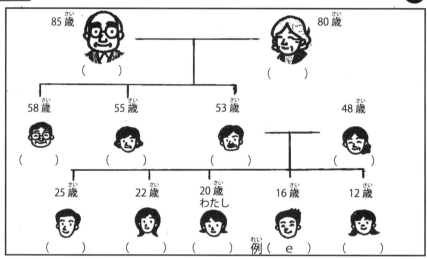

もんだい2 絵とあっているぶんはどちらですか。　No. 30

(例)

　a

(1) ＿＿＿

(2) ＿＿＿

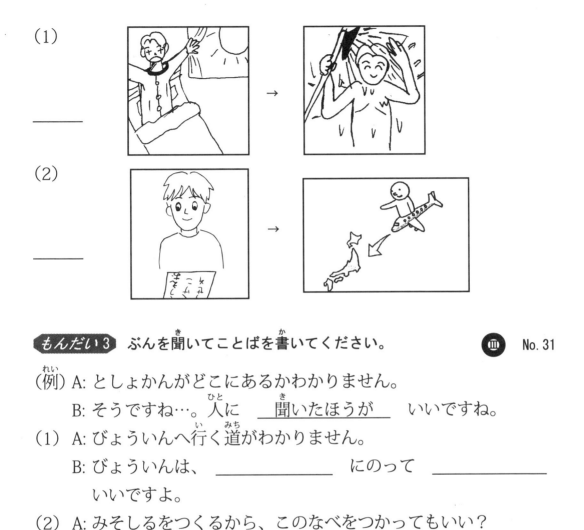

もんだい3 ぶんを聞いてことばを書いてください。　　No. 31

(例) A: としょかんがどこにあるかわかりません。
　　B: そうですね…。人に　__聞いたほうが__　いいですね。

(1) A: びょういんへ行く道がわかりません。
　　B: びょういんは、＿＿＿＿＿＿にのって＿＿＿＿＿＿
　　　いいですよ。

(2) A: みそしるをつくるから、このなべをつかってもいい？
　　B: みそしるは、そっちのなべを＿＿＿＿＿＿いいよ。

(3) A: かぜをひいたから、しょくじのあとでくすりを飲みます。
　　B: くすりを飲むから、今日は＿＿＿＿＿＿いいですね。

もんだい4 男の人と女の人が話します。あとでしつもんが　No. 32
あります。しつもんのこたえはどちらですか、○
を書いてください。

1 (a　　b)　　2 (a　　b)　　3 (a　　b)

第18課

第 19 課

もんだい1 ぶんとあっている絵はどれですか。　No. 33

（例）（ c ）
(1)（　　　）　(2)（　　　）　(3)（　　　）
(4)（　　　）　(5)（　　　）

もんだい2 ぶんを聞いてしつもんにこたえてください。　No. 34

（例）　たいふう
(1) _____　(2) _____　(3) _____

もんだい3 a、bのぶんのいみがおなじものには○、ちがうものには×を書いてください。　No. 35

（例）　○
(1) _____　(2) _____　(3) _____
(4) _____　(5) _____

もんだい4 ぶんを聞いてことばを書いてください。　　No. 36

(例) かれは ___やさしいし___ 、 ___おもしろいし___ 、すてきな人です。

(1) あのレストランは、てんいんも _____ 、りょうりも _____ 、_____ から、よく行きます。

(2) 東京は、_____ 、_____ 、とてもすみにくいです。

(3) かのじょは _____ できるし、_____ できるから、いいかいしゃに _____ できるとおもいます。

もんだい5 男の人と女の人が話します。そのあとでぶんを読みます。そのぶんがただしいときは○、ただしくないときは×を書いてください。　　No. 37

1 (　　　) 　2 (　　　) 　3 (　　　) 　4 (　　　)

もんだい6 男の人と女の人が話します。あとでしつもんがあります。しつもんのこたえはどちらですか、○を書いてください。　　No. 38

1 (a　　b) 　2 (a　　b) 　3 (a　　b)

第19課

第 20 課

もんだい1 動詞とあっている絵はどちらですか。　No. 39

(8)
(a b)

もんだい2 ただしいこたえはどちらですか。　　　No. 40

(例) ___a___
(1) _____ (2) _____ (3) _____
(4) _____ (5) _____

もんだい3 ぶんを聞いてことばを書いてください。　　　No. 41

(例) おとが ___小さくて___ 聞こえないから、おとをもっと ___大きくします___ 。

(1) かみが _____ なったから、あしたびよういんに行って _____ 。

(2) きょうしつがとても _____ 、みんなでそうじをして _____ しましょう。

(3) へやが _____ 本を _____ ができないから、電気をつけてへやを _____ 。

もんだい4 男の人と女の人が話します。あとでしつもんがあります。しつもんのこたえはどちらですか、○を書いてください。　　　No. 42

1 (a b)　2 (a b)　3 (a b)

第20課

ふくしゅう (4)   月 日 名前：＿＿＿＿＿＿＿   ／100てん

もんだい1 文を聞いて言葉を書いてください。　　No. 43

(例) A：納豆を食べたことがありませんか。
　　 B：いいえ、＿あります＿。

(1) きのうは、＿＿＿＿＿＿＿＿、せんたくしたりしました。

(2) おしょうがつは、いえの中で、あさからばんまで＿＿＿＿＿＿＿＿
　　＿＿＿テレビを見ていました。

(3) ビルさんが、ごはんを食べるときに＿＿＿＿＿＿＿＿＿と
　　言ったから、みんなわらいました。

(4) A：このびじゅつかんは、しゃしんをとってもいいの？
　　 B：ううん、＿＿＿＿＿＿＿＿＿。

(5) A：あしたも＿＿＿＿＿＿＿＿＿。
　　 B：ええ、たぶん＿＿＿＿＿＿＿＿＿とおもいます。

×5点 (30)

もんだい2 正しい答えはどちらですか。　　No. 44

(例) ＿a＿
(1) ＿＿＿＿　(2) ＿＿＿＿　(3) ＿＿＿＿

×5点 (15)

もんだい3 a、bの文の意味が同じものには〇、違うものには×を書いてください。　　No. 45

(例) ＿〇＿
(1) ＿＿＿＿　(2) ＿＿＿＿　(3) ＿＿＿＿

×5点 (15)

もんだい4 会話を聞いて、あとに読むぶんが正しいものには〇、正しくないものには×を書いてください。　　Ⅲ　No.46

(1) 例 ___〇___

1 _____　　2 _____　　3 _____　　4 _____

(2)

1 _____　　2 _____　　3 _____　　4 _____

×5点(40)

＊先生と一緒に読みましょう。
〜日本語のとくちょう④〜

ポーズを使って「にわにはにわにわとりがいる」を読む。

　ポーズ（休み）をつける位置が違うと、文の意味が変わります。ポーズは日本語の文では「、」と書きます。

（例）川で釣った魚を食べました。
　①川で、釣った魚を食べました。　→　「川」は魚を食べた場所。
　②川で釣った魚を、食べました。　→　「川」は魚を釣った場所。

・また、「助詞」の後や、「数」の後にポーズを入れると、文が読みやすくなります。

（例）にわにはにわにわとりがいる。
　→　にわには、にわ、にわとりが、いる。
　→　庭には、二羽、にわとりが、いる。

ポーズを聞き取って意味を正しく理解しましょう。

スクリプト（听力原文）

第1課　　CDⅠ　No.2〜7

もんだい1　　○　No.2

何歳ですか。答えに○を書きます。

例) 25歳です。

(1) わたしははたちです。
(2) ルナさんは11歳です。
(3) 田中さんは29歳です。
(4) 先生は38歳です。
(5) 木村さんは59歳です。

もんだい2　　○　No.3

国はどこですか。何歳ですか。（　）に答えを書きます。

例) スタットさんはタイ人です。25歳です。

(1) 男：はじめまして、お名前は？
　　女：イーです。韓国人です。
　　男：失礼ですが、おいくつですか。
　　女：30歳です。

(2) 女：カルロスさんのお国はどちらですか。
　　男：わたしの国はブラジルです。
　　女：おいくつですか。
　　男：はたちです。

(3) 女：りゅうさんは韓国人ですか。
　　男：いいえ、わたしは韓国人ではありません。日本人です。
　　女：りゅうさんははたちですか。
　　男：いいえ、わたしは21歳です。

(4) 女：チンさんは中国人です。リンさんも中国人ですか。
　　男：はい、そうです。
　　女：おいくつですか。
　　男：49歳です。

もんだい3　　○　No.4

Ⅰ　合っている絵はどちらですか。

例) ワンさんは学生です。

(1) ワンさんも学生です。
(2) スタットさんは学生ではありません。

Ⅱ　正しい答えはどちらですか。

例) ワンさんは会社員ですか。
　　a．はい、学生です。
　　b．いいえ、学生です。

(1) お国はどちらですか。
　　a．学生です。
　　b．中国です。

(2) おいくつですか。
　　a．はたちです。
　　b．韓国です。

もんだい 4 No. 5

文を聞いて言葉を書きます。

例) <u>これ</u>はペンです。

(1) <u>これ</u>はえんぴつです。

(2) <u>それ</u>はえんぴつです。

(3) <u>あれ</u>はえんぴつです。

もんだい 5 No. 6

合っている絵はどれですか。

例) これは日本語の本です。

(1) これはわたしの車です。

(2) それはわたしの車です。

(3) あれはわたしの車です。

もんだい 6 No. 7

男の人と女の人が話します。あとで質問があります。質問の答えはどちらですか、○を書きます。

例) 1 これはだれの時計ですか。
　　2 この辞書はワンさんのですか。

男：道子さん、これはあなたの時計ですか。

女：いいえ、わたしのではありません。ワンさんのです。

男：これはワンさんの辞書ですか。

女：いいえ、それはわたしのです。

質問

1 これはだれの時計ですか。
　a．ワンさんのです。
　b．道子さんのです。

2 この辞書はワンさんのですか。
　a．はい、そうです。
　b．いいえ、ちがいます。

(1) 1 カルロスさんの国はどこですか。
　　2 キムさんは会社員ですか。

男：はじめまして。わたしはカルロスです。

女：はじめまして。わたしはキムです。

男：お国はどちらですか。

女：韓国です。

男：わたしはブラジル人です。学生です。

女：わたしも学生です。どうぞよろしく。

男：どうぞ、よろしく。

質問

1 カルロスさんの国はどこですか。
　a．韓国です。
　b．ブラジルです。

2 キムさんは会社員ですか。
　a．はい、そうです。
　b．いいえ、ちがいます。

(2) 1 カルロスさんのしゅみは何ですか。
　　2 それは何の本ですか。

女：カルロスさん、しゅみは何ですか。

男：サッカーです。キムさんは？

女：読書です。

男：それは何の本ですか。

女：これは日本語の本です。

男：それはあなたの本ですか。

女：いいえ、パクさんのです。

質問

1 カルロスさんのしゅみは何ですか。
　a．読書です。

b．サッカーです。
2　それは何の本ですか。
　a．日本語の本です。
　b．サッカーの本です。

(3) トイレはあちらです。
(4) トイレはどちらですか。

第2課　CD I　No.8～12

もんだい1　　　No.8

いくらですか。

例) 300円です。
(1) これは900円です。
(2) それは1200円です。
(3) この本は800円です。
(4) あの時計は13,000円です。
(5) このコンピューターは170,000円です。

もんだい2　　　No.9

I　文と絵が合っているものには〇、合っていないものには×を書きます。

例) そこは受付です。
(1) 受付はここではありません。
(2) 受付はあそこです。
(3) 受付はどこですか。

II　文を聞いて言葉を書きます。

例) スーパーはどこですか。
(1) トイレはこちらです。
(2) トイレはそちらですか。

もんだい3　　　No.10

正しい答えはどちらですか。

例) このカメラはいくらですか。
　a．35,000円です。
　b．日本のです。
(1) これはどこの車ですか。
　a．わたしのです。
　b．日本のです。
(2) レストランは何階ですか。
　a．13階です。
　b．何階です。
(3) そのワインを3本ください。
　a．はい、まいどありがとうございます。
　b．はい、ワインを3本です。

もんだい4　　　No.11

男の人と女の人が話します。あとで質問があります。質問の答えはどちらですか、〇を書きます。

(1) 1　ここは何の売り場ですか？
　　2　カメラの売り場は何階ですか？

男：すみません、ここはカメラの売り場ですか。
女：いいえ、ここは、3階の時計の売り場です。
男：そうですか。カメラの売り場は何階ですか。

女：カメラの売り場は6階です。
男：エレベーターはどこですか。
女：エレベーターはあちらです。

質問
1　ここは何の売り場ですか？
　　a．時計の売り場です。
　　b．カメラの売り場です。
2　カメラの売り場は何階ですか？
　　a．3階です。
　　b．6階です。

(2)　1　男の人の会社はジャパン電気ですか？
　　　2　女の人の会社は新宿ですか？

男：わたしの会社は第三貿易です。
女：そうですか。
男：あなたの会社はどちらですか。
女：ジャパン電気です。
男：そうですか、あなたの会社は新宿ですか。
女：いいえ、違います。わたしの会社は池袋です。
男：そうですか。わたしの会社は新宿です。

質問
1　男の人の会社はジャパン電気ですか？
　　a．はい、そうです。
　　b．いいえ、ちがいます。
2　女の人の会社は新宿ですか？
　　a．はい、そうです。
　　b．いいえ、ちがいます。

もんだい5　　No. 12

男の人と女の人が話します。あとで質問があります。（　）に答えを書きます。

例）1　ここはどこですか。
　　2　教室は何階ですか。

男：ここは教室ですか。
女：いいえ、ここは会議室です。
男：教室は何階ですか。
女：教室は2階です。

質問
1　ここはどこですか。
2　教室は何階ですか。

問）1　カメラはいくらですか。
　　2　どこのカメラですか。

女：いらっしゃいませ。
男：すみません、このカメラはいくらですか。
女：そのカメラは15000円です。
男：これはどこのカメラですか。
女：それは日本のです。
男：ではこれをください。
女：はい、ありがとうございます。

質問
1　カメラはいくらですか。
2　どこのカメラですか。

第3課　ＣＤⅠ　No.13～19

もんだい 1　　○　No. 13

合っている絵はどれですか。

例) 5時3分
(1) 2時10分
(2) 3時54分
(3) 4時18分
(4) 1時1分

もんだい 2　　○　No. 14

何時ですか。

例) 3時5分です。
(1) 12時10分です。
(2) わたしの国は今、9時11分です。
(3) アメリカは今、3時8分です。
(4) フランスは、4時1分です。
(5) デパートは、午前10時から午後8時までです。
(6) スーパーは、午前9時からごご10時半までです。

もんだい 3　　○　No. 15

答えが正しいものには○、正しくないものには×を書きます。

例) A：会社は何時から何時までですか。
　　B：午前8時半から午後6時半までです。
(1) A：図書館は何時までですか。
　　B：図書館は午前9時からです。
(2) A：あそこの郵便局は何時から何時までですか。
　　B：午後から9時までです。
(3) A：授業は何時までですか。
　　B：午後3時までです。

もんだい 4　　○　No. 16

正しい文はどちらですか。

例) a．ワンさんは毎朝7時に起きます。
　　b．ワンさんは毎朝7時起きます。
(1) a．毎日に6時から10時まではたらきます。
　　b．毎日6時から10時まではたらきます。
(2) a．授業は3時に終わります。
　　b．授業は3時まで終わります。
(3) a．毎晩12時に寝ます。
　　b．毎晩12時寝ます。
(4) a．学校の休みは土曜日と日曜日です。
　　b．学校の休みは土曜日から日曜日までです。

もんだい 5　　○　No. 17

Ⅰ　正しい文には○、正しくない文には×を書きます。

例) きのう10時に寝ます。
(1) おとといは10時から3時まで遊びました。
(2) テストは明日から始まりました。

(3) 今朝何時に起きますか。

Ⅱ 正しい答えはどちらですか。

例) ワンさんはきのう遊びましたか。
　　a．はい、遊びます。
　　b．はい、遊びました。
(1) ビルさんは今夜勉強しますか。
　　a．いいえ、しませんでした。
　　b．いいえ、しません。
(2) ゆうべ何時に寝ましたか。
　　a．11時に寝ました。
　　b．はい、寝ました。
(3) きのう学校の授業は何時に始まりましたか。
　　a．10時に始まります。
　　b．10時に始まりました。

もんだい 6　　○ No. 18

男の人が話します。あとで質問があります。質問の答えはどちらですか、○を書きます。

1　男の人の学校は、何時から何時までですか。
2　アルバイトの店は何時に終わりますか。
3　アルバイトは何時までですか。

(男) わたしは毎朝、7時に起きます。わたしの学校は朝9時に始まります。学校は午後3時に終わります。アルバイトの店は朝10時から夜11時までです。わたしは5時から9時まではたらきます。

毎晩11時ごろ寝ます。

質問
1　男の人の学校は、何時から何時までですか。
　　a．5時から9時までです。
　　b．9時から3時までです。
2　アルバイトの店は何時までですか。
　　a．11時までです。
　　b．9時までです。
3　アルバイトは何時に終わりますか。
　　a．9時に終わります。
　　b．11時に終わります。

もんだい 7　　 No. 19

男の人と女の人が話します。あとで質問があります。（　）に答えを書きます。

1　銀行と郵便局は何時からですか。
2　男の人の学校は、何時から何時までですか。
3　銀行は何時までですか。

男：すみません、銀行と郵便局は何時からですか。
女：銀行と郵便局は9時からですよ。
男：わたしの学校は9時に始まります。
女：あなたの学校は何時に終わりますか。
男：学校は12時半に終わります。
女：郵便局は5時までです。銀行は3時までです。
男：そうですか。ありがとうございます。

質問
1 銀行と郵便局は何時からですか。
2 男の人の学校は、何時から何時までですか。
3 銀行は何時までですか。

第4課　CDⅠ　No.20〜25

もんだい 1　　○　No. 20

何月何日ですか。

例) 女：たんじょう日はいつですか。
　　男：5月14日です。
(1) 男：入学式はいつですか。
　　女：4月4日です。
(2) 男：キムさんのお母さんのたんじょう日はいつですか。
　　女：2月3日です。
(3) 男：5月5日は何ですか。
　　女：子供の日です。
(4) 男：ワンさんは8月20日に日本へ来ましたか。
　　女：いいえ、20日ではありません。8日です。
(5) 女：スタットさんはいつ国へ帰りますか。
　　男：10月19日に帰ります。
(6) 男：たんじょう日はいつですか。
　　女：9月9日です。

もんだい 2　　○　No. 21

正しい文はどちらですか。

例) a．わたしはタイへ行きます。
　　b．わたしはタイ行きます。
(1) a．姉は来年アメリカへ行きます。
　　b．姉は来年にアメリカへ行きます。
(2) a．先週の水曜日に日本に来ました。
　　b．先週の水曜日へ日本に来ました。
(3) a．毎年に国へ帰りました。
　　b．毎年国へ帰ります。
(4) a．今夜何時家へ帰りますか。
　　b．今夜何時に家へ帰りますか。
(5) a．明日何時に学校へ行きましたか。
　　b．明日何時に学校へ行きますか。

もんだい 3　　○　No. 22

何で、どこへ、どうしましたか。

例) ビルさんは飛行機でアメリカへ帰りました。
(1) 道子さんは新幹線で大阪へ行きました。
(2) 田中さんは車で会社へ来ました。
(3) キムさんは船で韓国へ帰りました。

もんだい 4　　○　No. 23

文を聞いて質問に答えます。

例) わたしは去年兄と日本へ来ました。
　　Q：だれと日本へ来ましたか。
(1) わたしは明日、姉と横浜へ帰ります。
　　Q：どこへ帰りますか。

(2) カルロスさんは去年一人でアメリカへ行きました。
Q：いつ行きましたか。

(3) 道子さんは昨日ワンさんと図書館へ行きました。
Q：だれと行きましたか。

(4) 田中さんは来月バスで一人で名古屋へ行きます。
Q：何で行きますか。

(5) わたしは水曜日に友達と電車で東京へ来ました。
Q：何で来ましたか。

もんだい 5　　No. 24

女の人が話します。あとで質問があります。質問の答えはどちらですか、○を書きます。

1　土曜日は何をしましたか。
2　日曜日はどこへ行きましたか。
3　だれと行きましたか。
4　何で行きましたか。

（女）土曜日はアルバイトでした。アルバイトの店は渋谷のレストランです。朝11時から5時まではたらきました。日曜日は友達のパクさんと電車で遊園地へ行きました。朝から夜までたくさん遊びました。

質問
1　土曜日は何をしましたか。
　a．アルバイトです。
　b．遊びました。

2　日曜日はどこへ行きましたか。
　a．渋谷のレストランです。
　b．遊園地です。

3　だれと行きましたか。
　a．一人です。
　b．パクさんと行きました。

4　何で行きましたか。
　a．電車です。
　b．バスです。

もんだい 6　　No. 25

男の人と女の人が話します。あとで質問があります。（　）に答えを書きます。

1　男の人は、どこへ行きますか。
2　いつ行きますか。
3　だれと行きますか。
4　何で行きますか。

男：わたしは大阪へ行きます。
女：いつ行きますか。
男：来週の金曜日です。
女：そうですか。一人で行きますか。
男：いいえ、友達と行きます。
女：飛行機で行きますか。
男：いいえ、新幹線です。
女：そうですか。いいですね。

質問
1　男の人は、どこへ行きますか。
2　いつ行きますか。
3　だれと行きますか。
4　何で行きますか。

第5課　CD I　No.26～31

もんだい1　　　No. 26

どこで何をしましたか。

例) 女：ビルさん、昨日は何をしましたか。
　　男：昨日は、美術館で絵を見ました。
　　女：そうですか。
(1) 女：カルロスさんは何をしましたか。
　　男：わたしは、図書館で勉強しました。
(2) 女：スタットさんは何をしましたか。
　　男：わたしは公園で友達とジュースを飲みました。
(3) 男：リンさんは何をしましたか。
　　女：わたしは喫茶店で本を読みました。
(4) 男：キムさんは何をしましたか。
　　女：わたしは学校で友達に会いました。

もんだい2　　　No. 27

文を聞いて言葉を書きます。

例) ワンさんはご飯を食べます。
(1) 今朝、ご飯を食べませんでした。
(2) 昨日、友達に手紙を書きました。
(3) 明日、映画を見ますか。
(4) 今晩、何をしますか。

もんだい3　　　No. 28

文を聞いて質問に答えます。

例) ワンさんは、はしでご飯を食べます。
　　Q：何で食べますか。
(1) 道子さんは紙で飛行機を作りました。
　　Q：何を作りましたか。
(2) わたしは昨日学校で中国語であいさつをしました。
　　Q：何であいさつをしましたか。
(3) わたしは明日図書館で友達とボールペンでレポートを書きます。
　　Q：どこで書きますか。

もんだい4　　　No. 29

文と絵が合っているものには○、合っていないものには×を書きます。

例) 昨日喫茶店でコーヒーを飲みました。
(1) この野菜はあそこのお店で買いました。
(2) 明日友達と公園でテニスをします。
(3) 昨日家で友達とビデオを見ました。
(4) 毎日2時から4時まで部屋で宿題をします。

もんだい5　　　No. 30

正しい答えはどちらですか。

例) 今夜、いっしょに野球を見ませんか。
　　a．はい、見ませんか。
　　b．今夜はちょっと…
(1) 明日、図書館で勉強しましょう。
　　a．はい、そうしましょう。
　　b．いいえ、そうしません。
(2) もうあの映画を見ましたか。
　　a．はい、まだ映画館で見ました。
　　b．はい、もう映画館で見ました。
(3) 土曜日にいっしょにどこかへ行きま

せんか。
　a．土曜日はちょっと…
　b．どこかちょっと…
(4) 午後からいっしょにインターネットでレポートの資料を調べましょう。
　a．ええ、いっしょに調べませんか。
　b．ええ、いっしょに調べましょう。

もんだい6　　　No. 31

男の人と女の人が話します。あとで質問があります。質問の答えはどちらですか、○を書きます。

1　男の人と女の人は、いっしょにどこへ行きますか。
2　男の人は何曜日、休みですか。
3　いつ行きますか。

男：いっしょに映画へ行きませんか？
女：いいですよ。
男：会社の休みは何曜日ですか？
女：わたしの会社は土曜日と日曜日です。
男：わたしの会社は日曜日です。
女：では日曜日、映画へ行きましょう。

質問
1　男の人と女の人は、いっしょにどこへ行きますか。
　a．会社へ行きます。
　b．映画へ行きます。
2　男の人は何曜日、休みですか。
　a．日曜日です。
　b．土曜日と日曜日です。
3　いつ行きますか。

　a．土曜日、行きます。
　b．日曜日、行きます。

ふくしゅう (1)
CD I　No.32～34

もんだい1　　　No. 32

会話を聞いて言葉を書きます。

例) 女：ビルさんこんにちは。
　　男：あ、木村さんこんにちは。どこへ行きますか。
　　女：今から、スーパーへ。
　　男：そうですか。どこのスーパーですか。
　　女：あそこです。あそこで野菜と果物を買います。
　　男：あのスーパーは何時からですか。
　　女：朝、10時半からです。夜は11時までですよ。

(1) 女：ビルさんは明日何をしますか。
　　男：図書館へ行きます。
　　女：そうですか。図書館で本を読みますか。
　　男：いいえ、勉強します。図書館は、朝の10時から午後8時までですが、わたしは3時から2時間、図書館で勉強します。
　　女：いいですね。

(2) 男：キムさん、キムさんは今週の日曜日に何をしますか。
　　女：友達と新宿で映画を見ます。

男：いいですね。どこの映画ですか。
女：アメリカの映画です。
男：そうですか。何時に新宿へ行きますか。
女：2時に行きますが、映画は3時からです。2時間の映画です。
男：日曜日に、わたしも新宿へ行きます。一緒に行きませんか。
女：いいですよ。
(3) 女：今日は宿題がたくさんですね。
男：ええ、大変ですね。
女：一緒に喫茶店で宿題をしませんか。
男：いいですね。どこの喫茶店ですか。
女：カフェ・プランタンです。
男：ええ、行きましょう。あの喫茶店は夜9時までですね。
女：そうです。朝は9時からです。わたしはときどき朝、あの喫茶店で勉強しますよ。

もんだい 2　　　○ No. 33

会話と合っている絵はどれですか。

例) 女：パクさんはいつ日本へ来ましたか。
男：去年の12月です。
女：一人で来ましたか。
男：いいえ、友達と船で来ました。
(1) 男：明日から大阪へ行きます。
女：そうですか。わたしも大阪で友達に会いました。友達とすしを食べましたよ。

男：いいですね。わたしは会議です。
女：大変ですね。
(2) 女：山田さんはいつも何で学校へ行きますか。
男：いつも、歩いて学校へ行きます。でも、昨日はバスで行きました。
女：そうですか。わたしは電車で行きます。
(3) 男：すみません、ここは、お手洗いですか。
女：いいえ、ここはお手洗いではありません。事務所です。お手洗いはあちらです。
男：どうも。
(4) 男：すみません。
女：はーい。
男：あのう、ノートをください。
女：はい、ノートですね。120円です。
男：それから、えんぴつはいくらですか。
女：60円ですよ。
男：じゃあ、ノートとえんぴつ。あっ、消しゴムもください。
女：はい、消しゴムは80円です。

もんだい 3　　　○ No. 34

会話を聞いて社長のスケジュールをカレンダーに書きます。

男：木村さん、社長の来月のスケジュールはどうですか。
女：来月ですか。来月は1日にアメリカへ行きます。3日はゴルフですね。

男：ゴルフですか？ テニスではありませんか。
女：ええ、社長はテニスをしません。
男：そうですか。9日は？
女：9日は休みです。それから、19日の午前中は病院へ行きます。
男：20日は？
女：えーっと、20日は新幹線で東京へ行きます。
男：いつ、イギリスへ行きますか。
女：イギリスは、来年行きます。
男：そうですか。わかりました。ありがとうございます。

第6課　CD I　No.35～40

もんだい1　　○ No.35

文の中の形容詞と合っている絵はどれですか。

例) わたしのうちは駅から近いです。
(1) 田中さんの部屋はとてもきれいです。
(2) この本はおもしろくないです。
(3) この時計は高いです。
(4) このケーキはとてもおいしいです。
(5) 昨日のテストは全然難しくなかったです。

もんだい2　　○ No.36

文を聞いて言葉を書きましょう。

例) 横浜はおもしろい町です。
(1) これはかんたんな問題ですか。

(2) 今日はぜんぜん寒くないです。
(3) 京都はどんな町ですか。
(4) あの人はとても有名な人です。
(5) ワンさんのぼうしは黄色いのです。
(6) 昨日友達ととてもきれいな公園でおいしいパンを食べました。
(7) 今日は忙しかったです。少し疲れました。

もんだい3　　○ No.37

文を聞いて質問に答えましょう。

例) 飛行機は船より速いです。
　　Q：速いのはどちらですか。
(1) わたしはワンさんより大きいです。
　　Q：大きいのはだれですか。
(2) この店はあの店より高いです。
　　Q：高いのはどちらですか。
(3) 遊園地は美術館より駅から近いです。
　　Q：駅から近いのはどちらですか。

もんだい4　　○ No.38

正しい文はどちらですか。

例) a．あの店はきれいですが、おいしくないです。
　　b．あの店はきれいです。そしておいしくないです。
(1) a．このアパートは古いですが、駅から近いです。
　　b．このアパートは古いですが、駅から遠いです。
(2) a．わたしの友達は優しいですが、

65

明るいです。
　　b．わたしの友達は優しいですが、
　　　暗いです。
(3) a．わたしの町は、冬は寒いです。
　　　そして、雪は降りません。
　　b．わたしの町は、冬は寒いですが、
　　　雪は降りません。

もんだい 5　　No. 39

男の人と女の人が話します。あとで質問があります。質問の答えはどちらですか、○を書きましょう。
　1　男の人の国はどこですか。
　2　男の人の国はどんな国ですか。
　3　町はどんな町ですか。

女：お国はどちらですか。
男：中国の上海です。
女：中国はどんな国ですか。
男：中国はとても広い国です。
女：上海はにぎやかですか。
男：はい。上海はこの町よりにぎやかです。

質問
1　男の人の国はどこですか。
　a．日本です。　b．中国です。
2　男の人の国はどんな国ですか。
　a．広いです。
　b．広くありません。
3　町はどんな町ですか。
　a．この町よりにぎやかです。
　b．この町と同じです。

もんだい 6　　No. 40

男の人と女の人が話します。あとで質問があります。（　）に答えを書きましょう。
　1　女の人の学校はどこから近いですか。
　2　男の人の学校はどんな学校ですか。
　3　男の人は自転車でどこに行きますか。

男：あなたの学校はどんな学校ですか。
女：駅から近いです。そしてきれいです。
男：いいですね。
女：あなたの学校はどうですか。
男：わたしの学校はきれいですが、駅から遠いです。
女：そうですか。大変ですね。
男：はい、わたしはいつも自転車で行きます。

質問
1　女の人の学校はどこから近いですか。
2　男の人の学校はどんな学校ですか。
3　男の人は自転車でどこに行きますか。

第7課　CDⅡ　No.1～6

もんだい 1　　○　No. 1

文の中の形容詞と合っている絵はどれですか。

例）わたしは犬が好きです。
(1) わたしはダンスが下手です。
(2) ビルさんは背が高くないです。

(3) キムさんは目が大きいです。
(4) パクさんは、あまり目が大きくないです。
(5) 山田さんは髪が短いです。

もんだい 2　　No. 2
文を聞いて質問に答えましょう。

例）わたしはりんごが好きですが、メロンはきらいです。
　Q：わたしは何が好きですか。
(1) カルロスさんはサッカーが好きです。そして上手です。
　Q：カルロスさんは何が上手ですか。
(2) わたしは料理が好きですから、毎日ご飯を作ります。
　Q：わたしはどうして毎日ご飯を作りますか。
(3) このスーパーは野菜が安いですから、いつも買い物します。
　Q：どうしていつもこのスーパーで買い物しますか。

もんだい 3　　No. 3
正しい答えはどちらですか。

例）りんごとみかんとどちらが好きですか。
　a．りんごが一番好きです。
　b．りんごのほうが好きです。
(1) このかばんとそのかばんとどちらが丈夫ですか。
　a．このかばんのほうが丈夫です。
　b．このかばんのほうが好きです。

(2) 今週の土曜日と日曜日とどちらがひまですか。
　a．土曜日のほうがひまです。
　b．日曜日が一番ひまです。
(3) 動物の中で、何が一番好きですか。
　a．犬が一番好きです。
　b．犬のほうが一番好きです。
(4) 日本の食べ物の中で、何が一番好きですか。
　a．すしのほうが一番好きです。
　b．すしが一番好きです。

もんだい 4　　No. 4
文を聞いて言葉を書きましょう。

例）新宿は人が多いです。そしてとてもにぎやかです。
(1) みなさんは、今の話がわかりましたか。
(2) わたしは国で勉強しましたから、英語が少しわかります。
(3) A：一人暮らしはどうですか。
　　B：楽しいですが、家事が大変です。

もんだい 5　　No. 5
男の人と女の人が話します。あとで質問があります。質問の答えはどちらですか、○を書きましょう。

1　女の人は漢字がよくわかりますか。
2　男の人は、何がむずかしいですか。
3　女の人は、何がだいたいわかりますか。

男：日本語の勉強の中で、何が一番むずかしいですか。
女：漢字がむずかしいです。あなたは漢字がわかりますか。
男：はい、よくわかります。
女：わたしは、ぜんぜんわかりません。
男：わたしは、漢字よりカタカナのほうがむずかしいです。
女：そうですか。わたしは、カタカナはだいたいわかります。

質問
1 女の人は漢字がよくわかりますか。
　a．あまりわかりません。
　b．ぜんぜんわかりません。
2 男の人は、何がむずかしいですか。
　a．カタカナがむずかしいです。
　b．漢字がむずかしいです。
3 女の人は、何がだいたいわかりますか。
　a．漢字です。
　b．カタカナです。

もんだい6　　No. 6

男の人と女の人が話します。あとで質問があります。（　）に答えを書きましょう。

1 男の人は日本料理の中で、何が一番好きですか。
2 女の人はすしが好きですか。
3 男の人は、とろとあなごと、どちらが好きですか。

女：あなたは日本の料理が好きですか。
男：はい、とても好きです。
女：日本料理の中で、何が一番好きですか。
男：すしが一番好きです。
女：わたしはすしがあまり好きではありません。あなたは、すしは何が好きですか。
男：とろとあなごが好きです。
女：とろとあなごとどちらが好きですか。
男：あなごのほうが好きです。

質問
1 男の人は日本料理の中で、何が一番好きですか。
2 女の人はすしが好きですか。
3 男の人は、とろとあなごと、どちらが好きですか。

第8課　　CDⅡ　No. 7～12

もんだい1　　No. 7

文と同じ場所にしるしがある絵はどれですか。

例）スタットさんの左にビルさんがいます。
(1) 机の上に本があります。
(2) 本屋とスーパーの間に銀行があります。
(3) リーさんの前にワンさんがいます。
(4) 箱の中にりんごがあります。
(5) わたしの右にかばんがあります。
(6) テーブルの下に猫がいます。

もんだい 2 No. 8

数をひらがなで答えましょう。

例) 部屋の中に女の人が5人います。
(1) わたしの会社にパソコンが4台あります。
(2) 教室にアメリカ人が2人います。
(3) 机の上にボールペンが3本あります。
(4) わたしのうちに赤いかさが1本あります。
(5) ここに切手が9枚あります。
(6) 冷蔵庫にたまごが3つあります。
(7) かばんにノートが8冊あります。
(8) ここにりんごが9つあります。
(9) シャープペンシルが6本あります。
(10) 事務室に消しゴムが8つあります。

もんだい 3 ○ No. 9

文と絵が合っているものには○、合っていないものには×を書きましょう。

例) 机の上に本があります。
(1) カルロスさんとワンさんの間に道子さんがいます。
(2) ベンチの前にハトがいます。

もんだい 4 ○ No. 10

文を聞いて言葉を書きましょう。

例) わたしの兄は大阪に3年います。
(1) 1週間に1回、数学の授業があります。
(2) A: 新宿駅から横浜駅まで電車でどのくらいかかりますか。
　　B: 35分ぐらいかかります。
(3) A: 田中さんは今年映画を何回ぐらい見ましたか。
　　B: 今年は5回ぐらい見ました。

もんだい 5 No. 11

女の人が話します。あとで質問があります。質問の答えはどちらですか、○を書きましょう。

1　女の人の家族はいま、どこにいますか。
2　女の人は、日本にどのくらいいますか。
3　女の人の国から日本までどのくらいですか。

(女) わたしの家族は5人家族です。両親と兄弟が二人います。兄が一人と、妹が一人です。家族は韓国にいます。兄は会社員です。そして妹は大学生です。わたしは去年日本へ来ました。韓国から日本まで3時間くらいかかります。わたしは日本に半年います。昨日、友達といっしょに東京タワーへ行きました。うちから1時間半くらいかかりました。少し遠かったですが、とても楽しかったです。

質問
1　女の人の家族はいま、どこにいますか。
　a. 日本です。　b. 韓国です。
2　女の人は、日本にどのくらいいますか。
　a. 去年です。　b. 半年です。
3　女の人の国から日本までどのくらいですか。

a．1時間半くらいです。
b．3時間くらいです。

もんだい 6　　　　○ No. 12

男の人と女の人が話します。あとで質問があります。（　）に答えを書きましょう。

1　女の人のアパートは、どんなアパートですか。
2　男の人のアパートのとなりに何がありますか。
3　駅はどこにありますか。

男：あなたのアパートはしずかですか。
女：はい、とてもしずかです。
男：あなたのアパートのとなりに何がありますか。
女：アパートのとなりに公園があります。
男：いいですね。わたしのアパートは、あまりしずかではありません。
女：そうですか、何がありますか。
男：となりにスーパーがあります。そして後ろに駅があります。
女：べんりですが、うるさいですね。

質問
1　女の人のアパートは、どんなアパートですか。
2　男の人のアパートのとなりに何がありますか。
3　駅はどこにありますか。

第9課　　CDⅡ No.13〜19

もんだい 1　　　　○ No. 13

文と合っている絵はどれですか。

例）歌舞伎を見たいです。
(1) わたしは新しい上着がほしいです。
(2) 疲れましたから、温泉へ行きたいです。
(3) 田中さんはダンスが上手です。
(4) 世界の地図が欲しいです。
(5) デパートへ財布を買いに行きます。

もんだい 2　　　　○ No. 14

正しい答えはどちらですか。

例）今、何が一番ほしいですか。
　a．新しい携帯電話がほしくないです。
　b．新しい携帯電話がほしいです。
(1) どんなかばんがほしいですか。
　a．これより大きいかばんがあります。
　b．これより大きいかばんがほしいです。
(2) どんなくつがほしいですか。
　a．軽いのくつがほしいです。
　b．軽いくつがほしいです。
(3) プレゼントは何がほしいですか。
　a．何もほしくないです。
　b．何かほしくないです。

もんだい 3　　　 No. 15

正しい答えはどちらですか。

例) 明日は何がしたいですか。
　　a．映画館で映画を見たいです。
　　b．映画館で映画と見たいです。
(1) 友達と何をしたいですか。
　　a．公園でサッカーをしたいです。
　　b．公園へサッカーをしたいです。
(2) 何か食べませんか。
　　a．いいえ、何も食べたいじゃないです。
　　b．いいえ、何も食べたくないです。
(3) どんな仕事をしたいですか。
　　a．郵便局で働きしたいです。
　　b．郵便局で働きたいです。

もんだい4　　○ No. 16
文を聞いて言葉を書きましょう。
例) ビルさんがうちへ遊びに来ました。
(1) 東京タワーの写真を撮りに行きます。
(2) 京都へ古いお寺を見に行きます。
(3) A：いつ自分の国へ帰りますか。
　　B：10月に帰ります。
　　A：何をしに帰りますか。
　　B：家族に会いに帰ります。

もんだい5　　○ No. 17
正しい文はどちらですか。
例) a．とてもうるさいですから、話を聞きにくいです。
　　b．とてもうるさいですから、話を聞きやすいです。
(1) a．いつもスプーンとフォークで食べますから、はしは食べやすいです。
　　b．いつもスプーンとフォークで食べますから、はしは食べにくいです。
(2) a．この本は、簡単ですから、読みやすいです。
　　b．この本は、漢字が難しいですから、読みやすいです。
(3) a．前にスーパーがあります。そして、駅から近いですから、このアパートは住みやすいです。
　　b．前にスーパーがあります。そして、駅から近いですから、このアパートは歩きやすいです。

もんだい6　　○ No. 18
男の人と女の人が話します。そのあとで文を読みます。その文が正しいときは○、正しくないときは×を書きましょう。
例) 男：わたしは映画が見たいです。
　　女：わたしもです。
　　男：どんな映画が見たいですか。
　　女：おもしろい映画が見たいです。
　　男：わたしもです。

1　男の人は映画が見たいですが、女の人は見たくありません。
2　男の人と女の人は、おもしろい映画が見たいです。

問) 男：あなたはいつ日本へ来ましたか。
　　女：わたしは今年の4月、日本へ来ました。

71

男：そうですか。日本へ何をしに来ましたか。
女：わたしは日本の大学に入りたいです。
男：大学で何を勉強しますか。
女：大学で日本の文化を勉強したいです。
男：そうですか、いいですね。

質問
1　女の人は去年の4月、日本へ来ました。
2　女の人は日本の大学へ入りたいです。
3　女の人は、大学で日本語を勉強したいです。

もんだい7　○ No.19

男の人と女の人が話します。あとで質問があります。（　）に答えを書きましょう。

1　男の人は週末、何をしますか。
2　男の人は何を買いますか。
3　どこへ買いに行きますか。

女：あなたは週末、何がしたいですか。
男：わたしは週末、買い物がしたいです。
女：そうですか。何がほしいですか。
男：わたしは、新しいカメラがほしいです。
女：いいですね。どこへ買いに行きますか。

男：秋葉原へ行きたいです。

質問
1　男の人は週末、何をしますか。
2　男の人は何を買いますか。
3　どこへ買いに行きますか。

第10課　CDⅡ　No.20〜25

もんだい1　○ No.20

文の中の動詞をます形で書きましょう。

例）カルロスさんは、音楽をきいています。
(1) パクさんは、本を読んでいます。
(2) 山田さんは走っています。
(3) 田中さんは掃除しています。
(4) 小林さんは話しています。
(5) スタットさんは友達を待っています。
(6) リーさんは寝ています。
(7) みどりさんはおどっています。
(8) 道子さんは急いでいます。
(9) わたしは銀行で働いています。
(10) 日本語を教えています。

もんだい2　○ No.21

正しい文はどちらですか。

例）a．今、ご飯を食べています。
　　b．今、ご飯を食べたいています。
(1) a．パクさんは教室で本を読んであります。
　　b．パクさんは教室で本を読んで

います。
(2) a. 部屋で子供が遊んでいます。
    b. 部屋で子供を遊んでいます。
(3) a. 母は食事を作っています。
    b. 母は食事が作っています。

もんだい3　　No. 22

文を聞いて質問に答えましょう。

例）わたしは2年前から、大学院で研究しています。
　　Q：わたしはいつから研究していますか。
(1) ワンさんは、田中さんの家に住んでいます。
　　Q：ワンさんはどこに住んでいますか。
(2) わたしは去年から東京の出版社で働いています。
　　Q：わたしはいつから働いていますか。
(3) わたしは、4月から友達とスーパーでアルバイトをしています。
　　Q：スーパーで何をしていますか。
(4) スタットさんは結婚していますが、ワンさんは結婚していません。
　　Q：スタットさんは結婚していませんか。

もんだい4　　No. 23

絵と合っている文はどれですか。

例）
　　a. ワンさんは自転車を持っています。
　　b. ワンさんは自転車に乗っています。
　　c. ワンさんは自転車を買っています。

(1)
　　a. 田中さんはネクタイをしています。
　　b. 田中さんはネクタイを持っています。
　　c. 田中さんはネクタイを見ています。
(2)
　　a. キムさんのお姉さんはめがねを着ています。
　　b. キムさんのお姉さんはめがねをかけています。
　　c. キムさんのお姉さんはめがねをはいています。

もんだい5　　No. 24

男の人が話します。あとで質問があります。質問の答えはどちらですか、○を書きましょう。

1　男の人は何をしていますか。
2　鈴木先生はどんな先生ですか。
3　鈴木先生は、男の人ですか、女の人ですか。

(男) わたしは去年日本へ来ました。今、日本語学校で勉強しています。わたしのクラスの先生は鈴木先生です。鈴木先生は背が高いです。そして声が大きいです。いつもズボンをはいていますが、ネクタイはしていません。ときどき、めがねをかけています。鈴木先生はとてもきれいな女の先生です。

質問
1　男の人は何をしていますか。
　　a. 先生です。　　b. 学生です。

2 鈴木先生はどんな先生ですか。
　a．声が小さいです。
　b．背が高いです。
3 鈴木先生は、男の人ですか、女の人ですか。
　a．男の人です。
　b．女の人です。

もんだい 6　　○　No. 25

男の人と女の人が話します。そのあとで文を読みます。その文が正しいときは○、正しくないときは×を書きましょう。

女：お仕事は何をしていますか。
男：わたしは今、フランス料理の店でコックをしています。
女：そうですか。お店はいそがしいですか。
男：はい、金曜と土曜の夜がとてもいそがしいです。
女：お休みはいつですか。
男：毎週、月曜日だけです。
女：そうですか、大変ですね。

　1　男の人は店で料理を作ります。
　2　金曜日の夜はいそがしいですが、土曜日はいそがしくありません。
　3　男の人の休みは、一週間に一回です。

ふくしゅう（2）
CDⅡ　No. 26～28

もんだい 1　　○　No. 26

会話を聞いて言葉を書きましょう。

男：（ピンポーン）
女：はあい。
男：ワンです。
女：（ドアを開ける音）あ、ワンさん、こんにちは。どうぞ。
男：おじゃまします。うわぁ。<u>きれい</u>なお家ですねえ。
女：今日は寒いですね。<u>温かい</u>お茶です。どうぞ。
男：いただきます。
女：学校はどうですか。
男：そうですね。<u>勉強</u>は<u>難しい</u>ですが、<u>楽しい</u>です。
女：それはよかった。ワンさんの家はどこですか。
男：<u>横浜</u>です。横浜にたくさん中国料理のレストランがありますから、ときどき食べに行きます。
女：いい所がありますか。
男：ええ、わたしが好きなレストランは、料理が<u>おいしい</u>です。そして、<u>有名</u>です。
女：日本で旅行をしましたか。
男：はい、わたしの趣味は旅行です。沖縄と北海道へ行きました。
女：いいですね。わたしも行きたいです。

沖縄と北海道とどちらがよかったですか。
男：そうですねえ、どちらもよかったですが、わたしは暖かいところが好きですから、沖縄のほうが好きです。今年の夏休みは、京都へ行きたいです。

もんだい2　No. 27

会話を聞いて言葉を書きましょう。

例）女：あ、ビルさん、何をしていますか。
男：あ、田中さん。漢字の勉強をしています。
女：へえ、いい学生ですね。
男：いいえ、いつもしませんが、明日はテストですから…。

(1) 男：すみません。フォークをください。
女：はい、どうぞ。
男：ありがとうございます。はしは使いにくいですから、フォークのほうがいいですね。

(2) 女：今晩、カラオケへ行きませんか。
男：カラオケですかあ。ううん。カラオケはちょっと。
女：嫌いですか。
男：ええ、わたしは歌が下手ですから。

(3) 男：林さんの家に動物がいますか。
女：ええ、います。鈴木さんは？
男：わたしの家はいません。でも、欲しいです。
女：鈴木さんは犬と猫とどちらが好きですか。
男：わたしは猫のほうが好きです。猫は犬より静かですから。

(4) 女：ボールペンを貸してください。
男：すみません。ボールペンはありません。えんぴつを貸しましょうか。
女：はい、お願いします。いつもえんぴつで書きますか。
男：ええ、えんぴつは書きやすいですから。

もんだい3　No. 28

会話と合っている絵はどれですか。

例）女：佐藤さんはどの人ですか。
男：あの人です。あの髪が長い人。

(1) 女：スタットさんはどの人ですか。
男：スタットさんは、短いズボンをはいています。

(2) 女：山田さんはどこですか。
男：ああ。山田さんはあそこで、子供と遊んでいます。

(3) 女：パクさんは？
男：パクさんは、本を読んでいます。

(4) 女：田中さんは？
男：そこにいます。めがねをかけていますよ。

(5) 女：リーさんはどこですか。
男：その木の下で寝ていますよ。

第11課　CDⅡ　No.29～34

もんだい1　　○　No.29

文と合っている絵はどれですか。

例) 9時に起きて、友達に会って、映画を見ます。

(1) ご飯を食べて、歯を磨いて、学校へ行きます。

(2) ジョギングして、シャワーを浴びて、学校へ行きます。

(3) 体操して、お風呂に入って、ご飯を食べます。

(4) 手紙を書いて、切手を貼って、郵便局へ行きます。

(5) 10時に集まって、空港へ行って、パスポートを見せます。

(6) 手を洗って、ご飯を食べて、映画を見ます。

もんだい2　　○　No.30

文を聞いて、ます形で書きましょう。

例) 毎朝7時に起きて、顔を洗って、朝ごはんを食べて、歯を磨いて、着替えて、家を出ます。

(1) 昨日は、友達と新宿で遊んで、図書館で勉強して、家に帰って、テレビを見ました。

(2) 明日は、デパートへ行って、買い物をして、夕方、恋人と食事をします。

もんだい3　　○　No.31

正しい答えはどちらですか。

例) 明日学校へ何時に来ますか。
　a．9時に来てください。
　b．9時に来たください。

(1) 手伝いましょうか。
　a．すみません、これを持ってくださいませんか。
　b．すみません、これを持ちてくださいませんか。

(2) 辞書を貸してくださいませんか。
　a．ええ、いいですよ。
　b．ええ、ありがとうございます。

(3) どうぞ、コーヒーを飲んでください。
　a．はい、いいですよ。
　b．はい、いただきます。

もんだい4　　○　No.32

文を聞いて質問に「はい」、「いいえ」で答えましょう。

例) 彼は明るくてとてもおもしろいです。
　Q：彼は明るいですか。

(1) この雑誌はおもしろくてとても有名です。
　Q：この雑誌は安くて有名ですか。

(2) わたしのアパートは駅から近くて便利です。
　Q：アパートは駅から遠くて不便ですか。

(3) あそこの美容院はとても安くてきれいです。

Q：美容院は安くてきれいですか。
(4) ワンさんの服は青くて、ビルさんの服は赤いです。
Q：ワンさんとビルさんの服の色は違いますか。

もんだい 5　　No. 33

文を聞いて言葉を書きましょう。

例）散歩をしてからご飯を食べます。
(1) 切手を買って、ここにはってからハガキを出してください。
(2) あそこの喫茶店でコーヒーでも飲みながら話しましょう。
(3) ラジオで音楽を聞きながら毎日勉強しています。

もんだい 6　　No. 34

男の人と女の人が話します。あとで質問があります。質問の答えはどちらですか、○を書きましょう。

1　女の人は、大学が終わってから何をしますか。
2　男の人は、日本語学校が終わってからどうしますか。
3　男の人は、日本語学校が終わってから何を勉強しますか。

男：あなたは大学が終わってから何をしますか。
女：国へ帰って働きます。
男：そうですか。
女：あなたは、日本語学校が終わってから何がしたいですか。
男：わたしは日本で働きたいですから、日本の大学に入ります。
女：大学で何を勉強しますか。
男：大学で経営を勉強したいです。
女：そうですか。

質問
1　女の人は大学が終わってからどうしますか。
　a．日本で働きます。
　b．国へ帰ります。
2　男の人は日本語学校が終わってから何をしますか。
　a．大学に入ります。
　b．働きます。
3　男の人は日本語学校が終わってから何を勉強しますか。
　a．経営です。
　b．日本語です。

第12課　　CDⅡ　No. 35～41

もんだい 1　　No. 35

文を聞いて言葉を書いてください。

例）そこに車を止めないでください。
(1) わたしのジュースを飲まないでください。
(2) ここでたばこを吸わないでください。
(3) 美術館で写真を撮らないでください。

77

(4) 暑くないですから、クーラーをつけないでください。
(5) 今そうじをしていますから、窓を閉めないでください。

もんだい 2　　○ No. 36

文と合っている絵はどれですか。

例）ここに自転車を止めないでください。
(1) タバコを吸わないでください。
(2) ごみを捨てないでください。
(3) お酒を飲まないでください。

もんだい 3　　○ No. 37

文を聞いて質問に「はい」、「いいえ」で答えてください。

例）名前を書かないで手紙を出しました。
　Q：名前を書きましたか。
(1) 何も食べないで学校へ来ました。
　Q：何か食べましたか。
(2) 何も持たないで出かけました。
　Q：どこかへ出かけましたか。
(3) 昨日は、何も見ないで寝ました。
　Q：何か見ましたか。
(4) デパートに行きましたが、何も買わないで帰ってきました。
　Q：デパートに行きましたか。

もんだい 4　　○ No. 38

正しい答えはどちらですか。

例）この本をどうしますか。
　a．明日までに読まなければなりません。
　b．明日までに読まなければなります。
(1) いつこの薬を飲みますか。
　a．ご飯を食べてから飲まなければなりません。
　b．ご飯を食べてから飲みなければなりません。
(2) 先生、何時までに学校へ来ますか。
　a．9時までに来（こ）なければなりません。
　b．9時までに来（き）なければなりません。
(3) 明日は何かしますか。
　a．はい、旅行の準備をしなければなりません。
　b．はい、旅行の準備なければなりません。

もんだい 5　　○ No. 39

会話と合っている絵はどれですか。

例）A：どこにしますか。
　B：わたしはここにします。
(1) A：いつ映画を見に行きましょうか。
　B：土曜日にしましょう。
(2) A：どこで勉強しますか。
　B：教室にしましょう。
(3) A：あなたはどちらにしますか。
　B：わたしはこっちにします。

もんだい 6　　○ No. 40

男の人と女の人が話します。そのあとで文を読みます。その文が正しいとき

は〇、正しくないときは×を書いてください。

男：おなかがすきましたね。
女：ええ、昼ご飯を食べないで勉強しましたからね。
男：ご飯を食べて帰りますか。
女：そうですね。あっ、雨です。
男：えっ！ 朝、晴れていましたから、かさを持たないで来ました。
女：わたしもです。早く帰りましょう。
男：そうしましょう。

1 二人は昼ご飯を食べないで勉強しました。
2 朝から雨が降っていました。
3 男の人はカサを持っていませんでしたが、女の人は持っていました。
4 二人は勉強が終わってから、ご飯を食べないで帰りました。

男：問題が多くて、とても難しかったです。
女：そうですか。
男：パクさんは、テストの前に勉強しましたか。
女：はい、遊ばないで勉強しましたから大丈夫でした。
男：わたしは、あまり勉強しないで遊んでいました。
女：テストの前にもっと勉強しなければなりませんね。
男：はい、そうですね。

質問
1 昨日、何がありましたか。
2 パクさんは遊ばないで何をしましたか。
3 リーさんはいつ勉強しなければなりませんか。

もんだい7　　No. 41

男の人と女の人が話します。あとで質問があります。(　)に答えを書いてください。

1 昨日、何がありましたか。
2 パクさんは遊ばないで何をしましたか。
3 リーさんはいつ勉強しなければなりませんか。

女：リーさん、昨日のテストはどうでしたか。

第13課　CDⅡ　No.42〜47

もんだい1 No. 42

文と合っている絵はどれですか。

例) 行って来ます
(1) ただいま
(2) いらっしゃいませ
(3) もしもし
(4) がんばって！
(5) いただきます
(6) どうしましたか

もんだい2　　No. 43

正しい答えはどちらですか。

例）今晩、電話をかけてもいいですか。
　　a. はい、そうですよ。
　　b. はい、いいですよ。

(1) この雑誌を捨てますか。
　　a. いいえ、もう捨ててもいいです。
　　b. いいえ、まだ捨てなくてもいいです。

(2) 明日は少し遅れてもいいですか。
　　a. いいえ、8時に来なければなりません。
　　b. いいえ、8時に来なくてもいいです。

(3) これは毎日書かなければなりませんか。
　　a. いいえ、毎日書いてもいいですよ。
　　b. いいえ、毎日書かなくてもいいですよ。

もんだい3　　No. 44

正しい会話には○、正しくないものには×を書いてください。

例）A：ここで花火をしてもいいですか。
　　B：ここで花火をしてはいけません。

(1) A：この水を飲んでもいいですか。
　　B：はい、飲まなくてもいいです。

(2) A：教科書を見てもいいですか。
　　B：教科書を見てはいけません。

(3) A：ここに自転車を置いてはいけませんか。
　　B：いいえ、置いてもいいです。

もんだい4　　No. 45

文を聞いて質問に「はい」、「いいえ」で答えてください。

例）名前は書かなくてもかまいません。
　　Q：名前は書かなくてもいいですか。

(1) このいすを動かしてもかまいません。
　　Q：いすを動かしてはいけませんか。

(2) 学校の説明会に行かなくてもかまいません。
　　Q：学校の説明会に行かなければなりませんか。

(3) 明日は学校に来なくてもかまいません。
　　Q：明日は学校を休んではいけませんか。

もんだい5　　No. 46

男の人と女の人が話します。あとで質問があります。質問の答えはどちらですか、○を書いてください。

1　男の人は好きな席にすわってもいいですか。
2　食堂でタバコを吸ってもいいですか。
3　食堂で、コップやお皿はどうしますか。

男：あの、ここにすわってもいいですか。
女：はい、どこでもかまいません。
男：すみません、ここでタバコを吸ってもいいですか。
女：食堂でタバコを吸ってはいけません。ロビーで吸ってもいいです。
男：はい。コップはかたづけなくてもいいですか。
女：いいえ、コップやお皿はかたづけ

なければなりません。
男:はい、わかりました。

質問
1 男の人は好きな席にすわってもいいですか。
　a. はい、いいです。
　b. いいえ、いけません。
2 食堂でタバコを吸ってもいいですか。
　a. はい、いいです。
　b. いいえ、いけません。
3 食堂で、コップやお皿はどうしますか。
　a. かたづけなくてもかまいません。
　b. かたづけなければなりません。

もんだい6　　　　○　No. 47

男の人と女の人が話します。そのあとで文を読みます。その文が正しいときは○、正しくないときは×を書いてください。

女:明日は試験ですから、欠席しないでくださいね。
男:明日は、早く来なければなりませんか。
女:はい、いつもより10分早く来てください。
男:はい、わかりました。テスト中、辞書を見てもいいですか。
女:テスト中は、辞書を見てはいけません。
男:とちゅうで帰ってもいいですか。
女:とちゅうで帰ってはいけません。

1 明日は試験ですから欠席してはいけません。
2 明日はいつもと同じ時間に来ていいです。
3 テストのとき、辞書を見てはいけません。
4 とちゅうで帰ってもかまいません。

第14課　　CD Ⅲ　No. 1～4

もんだい1　　　　○　No. 1

文と合っている絵はどれですか。

例)友達に手紙を書きます。
(1) 妻に花束をあげます。
(2) 彼女の誕生日ですから、レストランを予約しました。
(3) ビルさん、携帯電話が鳴っていますよ。
(4) 友達の誕生日ですから、プレゼントを選びます。
(5) 先月、祖父にクリスマスカードを送りました。
(6) 母にセーターを編んであげました。

もんだい2　　　　○　No. 2

文と合っている絵はどちらですか。

例)わたしはカルロスさんにボールをもらいました。
(1) わたしはキムさんに辞書を貸してもらいました。

(2) 道子さんはワンさんに東京の地図をあげました。

(3) ビルさんはワンさんの写真を撮ってあげました。

もんだい3　No. 3

文を聞いて言葉を書いてください。

例) A：だれにネクタイを買ってあげましたか。
　　B：父に買ってあげました。

(1) A：だれにクリスマスカードをもらいましたか。
　　B：ワンさんにもらいました。

(2) A：そのプレゼントはだれにあげますか。
　　B：いえ、これは道子さんにもらいました。

(3) A：だれに道を教えてもらいましたか。
　　B：地図を見て一人で来ました。

もんだい4　No. 4

男の人と女の人が話します。あとで質問があります。質問の答えはどちらですか、○を書いてください。

1　昨日、男の人はどうしましたか。
2　ご飯はどうしましたか。
3　友達は何をしてくれましたか。

女：昨日、学校に来ませんでしたね。
男：昨日は風邪をひいて、家で寝ていました。
女：大変でしたね。ご飯はどうしましたか。
男：弟が作ってくれました。
女：そうですか、薬は飲みましたか。
男：ええ、学校が終わってから、友達が薬を買ってきてくれました。
女：それは、よかったですね。
男：ええ、みんなにいろいろしてもらいました。うれしかったです。

質問
1　昨日、男の人はどうしましたか。
　a．学校を休みました。
　b．学校へ行きました。
2　ご飯はどうしましたか。
　a．男の人が作りました。
　b．弟が作りました。
3　友達は何をしてくれましたか。
　a．ご飯を作ってくれました。
　b．薬を買ってきてくれました。

第15課　CDⅢ　No. 5〜11

もんだい1 No. 5

文の中の辞書形の動詞を書いてください。

例) わたしの趣味は本を読むことです。
(1) わたしの夢は小説家になることです。
(2) わたしの夢は東京大学に合格することです。
(3) わたしの趣味はギターを弾くことです。

(4) わたしは日本のお菓子を作ることができます。
(5) わたしは英語を話すことができます。
(6) ここを右に曲がると銀行があります。
(7) このボタンを押すと切符がでます。
(8) その信号を渡ると、コンビニがあります。

もんだい2　　No. 6
文を聞いて言葉を書いてください。

例）教室が静かになりました。
(1) 一生懸命勉強しましたから、日本語が上手になりました。
(2) 私は、来月の10日に、二十歳になります。
(3) もう12月ですから、とても寒くなりました。

もんだい3　　No. 7
正しい文はどちらですか。

例）a. わたしの趣味は空の写真を撮りますことです。
　　b. わたしの趣味は空の写真を撮ることです。
(1) a. わたしの夢は医者になることです。
　　b. わたしの夢は医者をなることです。
(2) a. 道子さんの趣味は買い物することです。
　　b. 道子さんの趣味は買い物にするとことです。
(3) a. 夢はきれいくなることです。
　　b. 夢はきれいになることです。

もんだい4　　No. 8
文を聞いて質問に答えてください。

例）この喫茶店でインターネットをすることができます。
　　Q：何ができますか。
(1) わたしは日本語を話すことができません。
　　Q：何ができませんか。
(2) この携帯電話はニューヨークで使うことができます。
　　Q：何ができますか。
(3) この本はあそこのデパートで買うことができません。
　　Q：何ができませんか。

もんだい5　　No. 9
文を聞いて質問に答えてください。

例）砂糖を入れると甘くなります。
　　Q：何を入れると甘くなりますか。
(1) あの信号を右に曲がると郵便局があります。
　　Q：信号を曲がると何がありますか。
(2) 勉強しないと大学に合格できません。
　　Q：勉強しないとどうなりますか。
(3) 車に気をつけないと交通事故にあいます。
　　Q：どうすると交通事故にあいますか。

もんだい 6　　○　No. 10

男の人と女の人が話します。あとで質問があります。質問の答えはどちらですか、○を書いてください。

1　女の人は日本語がどのくらいできますか。
2　女の人は、一週間に何日働くことができますか。
3　女の人は、何曜日にアルバイトをしますか。

男：あなたはパソコンがとくいですか。
女：はい。わたしはキーボードを早く打つことができます。
男：そうですか。日本語がどのくらいできますか。
女：日本語学校を卒業して今、専門学校で勉強していますから、ふつうの会話はできます。
男：そうですか。一週間に何日働くことができますか。
女：週5日働くことができます。月曜日から金曜日まで午後6時からできます。
男：土曜日はどうですか。
女：土曜日も大丈夫です。
男：では、月曜は忙しくありませんから、火曜から土曜までお願いします。
女：はい、よろしくお願いします。

質問
1　女の人は日本語がどのくらいできますか。
　a．かんたんな会話はできます。
　b．ふつうの会話はできます。
2　女の人は、一週間に何日働くことができますか。
　a．週5日です。
　b．週6日です。
3　女の人は、何曜日にアルバイトをしますか。
　a．月曜日から金曜日までです。
　b．火曜日から土曜日までです。

もんだい 7　　○　No. 11

男の人と女の人が話します。そのあとで文を読みます。その文が正しいときは○、正しくないときは×を書いてください。

男：あなたの趣味は何ですか。
女：わたしの趣味は旅行することです。
男：そうですか、どんなところへ行きましたか。
女：新潟や京都などへ行きました。あなたは？
男：わたしは自動車の運転をするのが好きです。
女：そうですか、わたしは運転することができません。運転は楽しいですか。
男：はい、はじめは運転がきらいでしたが、今は楽しくなりました。
女：それはよかったですね。

1 女の人の趣味は旅行です。
2 女の人は新潟へ行きましたが京都へは行っていません。
3 男の人は、はじめは自動車の運転が好きではありませんでした。
4 女の人は自動車の運転がとくいです。

ふくしゅう（3）
CDⅢ No.12〜15

もんだい1 ○ No.12
会話を聞いて言葉を書いてください。

男：先月、初めてイタリアへ行きました。
女：そうですか、どうでしたか。
男：とても、楽しかったです。わたしは、飛行機に乗って、香港で乗り換えて、それから、ローマへ行きました。
女：ローマですか。いいですね。
男：ええ、ローマは食べ物がおいしくて、きれいなところでした。
女：イタリアの人はどうでしたか。
男：人はみんな、明るくて、おもしろかったです。
女：どこのホテルに泊まりましたか。
男：町の中のホテルに泊まりました。ホテルは、きれいで、広い部屋でした。町の中に喫茶店がたくさんありましたから、喫茶店でコーヒーを飲みながら、いろいろな人を見ていました。楽しかったですよ。
女：今度、写真を見せてください。

もんだい2 ○ No.13
男の人が話します。そのあとで文を読みます。その文が正しいときは○、正しくないときは×を書いてください。

「みなさん、明日はテストです。漢字のテストですから、今日は、家に帰ってから勉強してください。
全員がテストの紙をもらってから、始めてください。名前を書いてから、始めなければなりません。となりの人と話してはいけません。机の上に本やノートを置いてはいけません。飲み物は、机の上に置いてもいいです。テストが終わってから、教室を出てもかまいません。がんばってください。」

例）明日は、漢字のテストがあります。
(1) 紙をもらってから、すぐ、テストを始めてもいいです。
(2) 名前を書いてから、始めなくてもかまいません。
(3) となりの人と話してはいけません。
(4) 机の上にジュースを置いてはいけません。
(5) テストが終わってから、教室にいてはいけません。

もんだい3 ⭕ No. 14

会話を聞いて質問に「はい」、「いいえ」で答えてください。

例) 男：素敵な時計ですね。
　　女：ありがとうございます。父にもらいました。
　　Q：女の人は、お父さんに時計をもらいました。

(1) 先週、父の誕生日でしたから、マフラーをあげました。
　　Q：お父さんは、娘にマフラーを買ってもらいました。

(2) 男：来週、キムさんにおいしい料理の作り方を教えます。
　　女：いいですね。わたしも一緒に行ってもいいですか。
　　男：ええ。
　　Q：キムさんは、男の人に料理の作り方を教えてあげます。

(3) 男：おいしいコーヒーですね。
　　女：ええ、ビルさんのおみやげです。どうぞ、たくさん飲んでください。
　　Q：ビルさんは、女の人にコーヒーをくれました。

(4) 女：あのう、すみません。この近くに郵便局がありませんか。
　　男：郵便局ですか。ええ、ありますよ。その道をまっすぐ行って、左に曲がると、目の前にあります。
　　女：ありがとうございます。
　　Q：女の人は男の人に道を教えてもらいました。

もんだい4 ⭕ No. 15

会話を聞いて言葉を書いてください。

例) 女：もうすぐ夏ですね。
　　男：ええ、わたしは夏が大好きです。
　　女：そうですか、どうしてですか。
　　男：暖かいところが好きで、夏になると、海に行きたくなります。

(1) 男：季節でいつがいちばん好きですか。
　　女：冬ですね。わたしは寒い国から来ましたから。冬になると、スキーをしたくなります。

(2) 女：読書が好きですか。
　　男：ええ、好きです。毎日電車の中で本を読みますが、難しい本を読むと眠くなります。

(3) 女：日本人はクリスマスに何をしますか。
　　男：そうですね。家族や恋人に会って、パーティをします。それから、プレゼントもあげますね。
　　女：いいですね。
　　男：若い人はだいたい恋人といっしょにいます。ですから、クリスマスになると、恋人がほしくなります。

(4) 女：毎日、たくさん勉強していますね。
　　男：ええ、来週から一週間テストがありますから。
　　女：そうですか。大変ですね。
　　男：ええ、でもテストが終わると、ひまになりますから、友達と旅行をしますよ。
(5) 男：林さんはよくお酒を飲みに行きますか。
　　女：ときどき飲みますよ。みんなでお酒を飲むことが好きですが、あまりたくさん飲むことができません。お酒をたくさん飲むと、気持ち悪くなります。

第16課　ＣＤⅢ　No.16～22

もんだい１　○　No.16

文の中のた形の動詞を書いてください。

例）わたしはアメリカへ行ったことがあります。
(1) わたしは富士山に登ったことがあります。
(2) わたしはゆうれいを見たことがあります。
(3) わたしは納豆を食べたことがあります。
(4) ピアノを演奏したあとで、家へ帰ります。
(5) 授業が終わったあとで、質問しました。
(6) ガムをかんだ後で、ゴミ箱に捨てました。

もんだい２　○　No.17

正しい答えはどちらですか。

例）有名な人に会ったことがありますか。
　　a．一度もあります。
　　b．一度もありません。
(1) スキーをしたことがありますか。
　　a．はい、あります。
　　b．はい、します。
(2) ライオンを見たことがありますか。
　　a．もうありません。
　　b．まだありません。
(3) 日本のお酒を飲んだことがありますか。
　　a．一度あります。
　　b．一度もあります。

もんだい３　○　No.18

文を聞いて言葉を書いてください。

例）わたしは、休みの日に家で洗濯したり、デパートへ行って買い物したりします。
(1) わたしは、休みの日に公園で犬と遊んだり、ビデオを借りて見たりします。
(2) わたしは、夏休みに海へ行って泳いだり、山へ登ったりしたいです。
(3) わたしは、来週、京都へ行って古いお寺を見たり、おいしい料理を

食べたりします。

もんだい4　　No. 19

a、bの文の意味が同じものには○、違うものには×を書いてください。

例) a. クーラーをつけたまま出かけました。
　　b. クーラーをけしたまま出かけました。

(1) a. めがねをかけたまま寝ています。
　　b. めがねをかけて寝ます。

(2) a. くつをはいたまま部屋に入ってはいけません。
　　b. くつをぬいで部屋に入らなければなりません。

(3) a. わたしはよく、部屋の電気をつけたまま学校へ行ったり、外で遊んだりします。
　　b. わたしはあまり、部屋の電気をつけて学校へ行ったり、外で遊んだりしたことがありません。

もんだい5　　No. 20

文を聞いて質問に答えてください。

例) この仕事をかたづけたあとで帰ります。
　　Q：いつ帰りますか。

(1) 授業のあとで先生とご飯を食べに行きます。
　　Q：いつご飯を食べますか。

(2) 学校で手紙をもらいましたが、家へ帰ったあとで読みます。
　　Q：いつ手紙を読みますか。

(3) A：ワンさん、すぐにシャワーを浴びますか。
　　B：いいえ、ご飯を食べたあとで浴びます。
　　Q：いつシャワーを浴びますか。

もんだい6　　No. 21

男の人と女の人が話します。そのあとで文を読みます。その文が正しいときは○、正しくないときは×を書いてください。

女：先週の週末、わたしは美術館へ行きました。あなたはどこかへ行きましたか。

男：いいえ、どこへも行きませんでした。週末はあまり出かけません。

女：うちで何をしていますか。

男：ビデオを見たり、ゲームをしたりします。

女：そうですか。先週もですか。

男：はい。ゆうべはビデオゲームをしたあとで、テレビをつけたまま寝ていました。

女：それは、すごいですね。

1　女の人は週末、映画館へ行きました。

2　男の人は週末どこへも行きませんでした。

3　男の人はゆうべテレビを消さないで寝ました。

4 男の人は、週末はいつも出かけますが、先週は家にいました。

もんだい 7　　○ No. 22

男の人と女の人が話します。あとで質問があります。（　）に答えを書いてください。
1　男の人は先週、何をしましたか。
2　女の人はどこへ行ったことがありますか。
3　女の人はそこで何をしましたか。

男：わたしは先週、歌舞伎を見に行きました。
女：歌舞伎ですか。おもしろかったですか。
男：はい。あなたは日本で何をしたことがありますか。
女：わたしは京都へ行ったことがあります。
男：京都で何をしましたか。
女：京都でお寺をたくさん見てきました。
男：そうですか、わたしも京都に行きたいです。

質問
1　男の人は先週、何をしましたか。
2　女の人はどこへ行ったことがありますか。
3　女の人はそこで何をしましたか。

第17課　　CDⅢ　No. 23～28

もんだい 1　　○ No. 23

文を聞いて、言葉を普通形にして書いてください。
例）今日どこへ行きますか。
(1) 今日は晴れると思います。
(2) 田中さんは来ません。
(3) 公園に行きませんか。
(4) そうですね。
(5) ええ、いいですよ。

もんだい 2　　○ No. 24

文と合っている絵はどれですか。
例）ごちそうさま
(1) お疲れさま
(2) お休みなさい
(3) どういたしまして
(4) さようなら
(5) どうしようかな

もんだい 3　　○ No. 25

a、bの文の意味が同じものには○、違うものには×を書いてください。
例）a．明日は晴れるね。
　　b．明日は晴れますね。
(1) a．ビルさんは会社員じゃないよ。
　　b．ビルさんは会社員になったよ。
(2) a．わたしは英語を話していた。
　　b．わたしは英語を話していました。

(3) a．日本の生活は楽しくなった。
　　b．日本の生活は楽しくなかった。

もんだい4　　○ No.26

正しい答えはどちらですか。

例）プレゼントをもらいました。何と言いますか。
　　a．ありがとう。
　　b．どういたしまして。
(1) あなたが出かけます。何と言いますか。
　　a．いってらっしゃい。
　　b．いってきます。
(2) 食事が終わりました。何と言いますか。
　　a．召し上がれ。
　　b．ごちそうさまでした。
(3) 夕方人と会いました。何と言いますか。
　　a．おやすみなさい。
　　b．こんばんは。

もんだい5　　○ No.27

文と絵が合っているものには○、合っていないものには×を書いてください。

例）空が暗くなったから、今夜はきっと雨が降るだろう。
(1) ワンさんは毎日たくさん勉強したから、試験に合格するでしょう。
(2) キムさんは昨日風邪をひいたから、今日は学校を休むでしょう。

もんだい6　　○ No.28

男の人と女の人が話します。あとで質問があります。（　）に答えを書いてください。

1　男の人は、どうして明日いい天気だと思いますか。
2　女の人はどうして晴れてほしいですか。
3　女の人はどうして楽しみですか。

女：明日はいい天気だと思いますか。
男：ええ。星がたくさん出ていますから、明日はいい天気でしょう。
女：明日、花火がありますから晴れてほしいです。
男：日本の花火を見たことがありますか。
女：いいえ、初めてです。
男：わたしは一度見たことがありますが、とてもきれいでしたよ。
女：そうですか。とても楽しみです。

質問
1　男の人は、どうして明日いい天気だと思いますか。
2　女の人はどうして晴れてほしいですか。
3　女の人はどうして楽しみですか。

第18課　　CDⅢ　No.29～32

もんだい1　　○ No.29

文を聞いて絵に答えを書いてください。

例) わたしの弟は高校生です。
(1) わたしのおばは銀行員です。
(2) わたしの母は教師です。
(3) わたしの祖父は医者でした。
(4) わたしの姉は学生です。
(5) わたしのおじは会社員です。
(6) わたしの父は会社の社長です。

もんだい 2　〇 No. 30

絵と合っている文はどちらですか。

例) a．手紙を出す前に切手をはってください。
　　b．手紙を書く前に切手をはってください。
(1) a．起きた後でシャワーを浴びます。
　　b．寝る前にシャワーを浴びます。
(2) a．わたしは日本に来る前に日本語の勉強をしました。
　　b．わたしは日本語の勉強をする前に日本へ来ました。

もんだい 3　〇 No. 31

文を聞いて言葉を書いてください。

例) A：図書館がどこにあるかわかりません。
　　B：そうですね…。人に聞いたほうがいいですね。
(1) A：病院へ行く道がわかりません。
　　B：病院は、バスに乗って行ったほうがいいですよ。
(2) A：味噌汁を作るから、この鍋を使ってもいい?
　　B：味噌汁は、そっちの鍋を使ったほうがいいよ。
(3) A：風邪をひいたから、食事の後に薬を飲みます。
　　B：薬を飲むから、今日はお酒を飲まないほうがいいですね。

もんだい 4　〇 No. 32

男の人と女の人が話します。あとで質問があります。質問の答えはどちらですか、〇を書いてください。

1　男の人はどうして顔が赤いですか。
2　男の人は今日、何がありますか。
3　病気が悪くなる前に、どうしたほうがいいですか。

女：どうしたんですか。顔が赤いですよ。
男：朝から熱があるんです。
女：病気のときは早く帰ったほうがいいですよ。
男：でも今日は夕方からアルバイトがあります。
女：病気が悪くなる前に、薬を飲んで寝たほうがいいです。
男：そうですね。じゃあ、今日はアルバイトは休みます。

質問
1　男の人はどうして顔が赤いですか。
　a．あついからです。
　b．熱があるからです。
2　男の人は今日、何がありますか。

91

a．試験です。
b．アルバイトです。
3　病気が悪くなる前に、どうしたほうがいいですか。
a．薬を飲んで寝たほうがいいです。
b．アルバイトへ行ったほうがいいです。

第19課　CDⅢ　No.33〜38

もんだい1　○　No.33

文と合っている絵はどれですか。

例）来月子供が生まれます。
(1) 台風で木が倒れました。
(2) 宝くじに当たったら、どうしますか。
(3) 遠くで家が燃えています。
(4) 毎日ケーキを食べたら太りますよ。
(5) あのチームは優勝すると思います。

もんだい2　○　No.34

文を聞いて質問に答えてください。

例）昨日は台風で電車が遅れました。
Q：何で電車が遅れましたか。
(1) 風邪をひいて病院に行って薬をもらいました。
Q：どこで薬をもらいましたか。
(2) 学校へ来るとき道で転んでけがをしました。
Q：いつけがをしましたか。
(3) テレビのニュースを見てその事件について知りました。
Q：何で事件を知りましたか。

もんだい3　○　No.35

a、bの文の意味が同じものには○、違うものには×を書いてください。

例）a．学校に山田先生がいたら質問しに行きます。
b．学校に山田先生がいなかったら質問しに行きません。
(1) a．雨が降ったら明日の遠足はありません。
b．晴れても明日の遠足はありません。
(2) a．忙しくても毎日勉強しています。
b．忙しくなくても毎日勉強しません。
(3) a．駅に着いたら電話しなければなりません。
b．まだ駅に着いていなかったら電話しなくてもいいです。
(4) a．宝くじが当たっても何も買わないと思います。
b．宝くじが当たらなかったら何も買わないと思います。
(5) a．家へ帰ったらおふろに入ってご飯を食べます。
b．家へ帰ったらおふろに入った後でご飯を食べます。

もんだい4　○　No.36

文を聞いて言葉を書いてください。

例) 彼はやさしいし、面白いし、素敵な人です。

(1) あのレストランは、店員も親切だし、料理もおいしいし、安いから、よく行きます。

(2) 東京は、事件も多いし、物価も高いし、とても住みにくいです。

(3) 彼女は日本語もできるし、パソコンもできるから、いい会社に入ることができると思います。

もんだい 5　No. 37

男の人と女の人が話します。そのあとで文を読みます。その文が正しいときは〇、正しくないときは×を書いてください。

女：日曜日は何をしますか。
男：日曜日はサッカーの試合を見に行きます。
女：そうですか、雨が降ったら中止ですか。
男：いいえ、始まる前に雨が降ったら中止ですが、とちゅうで雨が降っても試合をします。
女：そうですか、試合に出る人も、見る人も大変ですね。
男：はい、晴れてほしいです。あなたはスポーツが好きですか。
女：ときどき見ますが、自分ではしません。
男：そうですか、どうしてですか。
女：わたしはあまり上手ではないし、走るのが遅いからです。
男：たくさん練習したら上手になりますよ。

1　男の人は日曜日サッカーの試合をします。
2　サッカーの試合は、とちゅうで雨が降ったら中止です。
3　女の人はときどきサッカーをします。
4　女の人は上手ではないから、スポーツをしません。

もんだい 6　No. 38

男の人と女の人が話します。あとで質問があります。質問の答えはどちらですか、〇を書いてください。

1　キムさんは昨日どうしましたか。
2　どうして疲れましたか。
3　映画はいつ行きますか。

男：キムさん、昨日はどうしましたか。
女：昨日は朝から頭が痛くて学校へ来ることができませんでした。
男：そうですか。大丈夫ですか。
女：はい。アルバイトで忙しいし、毎晩おそくまで起きていましたから、つかれました。
男：そうですか。気をつけてください。
女：はい。昨日は映画を見に行きましたか。
男：いいえ、キムさんがいませんでしたから。また来週行きましょう。
女：そうしましょう。

質問
1 キムさんは昨日どうしましたか。
　　a．映画へ行きました。
　　b．学校を休みました。
2 どうして疲れましたか。
　　a．アルバイトが忙しいからです。
　　b．アルバイトをやめたからです。
3 映画はいつ行きますか。
　　a．今日行きます。
　　b．来週行きます。

第20課　CDⅢ No.39〜42

もんだい1　 No.39

動詞と合っている絵はどちらですか。

例）開けます
(1) 閉まります
(2) 消します
(3) つきます
(4) 止まります
(5) 割れます
(6) 切れます
(7) 乾かします
(8) 並べます

もんだい2　 No.40

正しい答えはどちらですか。

例）教室の窓が開いていましたか。
　　a．いいえ、閉まっていました。
　　b．いいえ、閉めていました。
(1) あなたがここを通ったとき車が止めてありましたか。
　　a．はい、止めてありました。
　　b．はい、止まってありました。
(2) このコップは前から割れていましたか。
　　a．はい、割れました。
　　b．はい、割れていました。
(3) あそこの教室の電気がついているから消してください。
　　a．わたしが消しに行きます。
　　b．わたしが消してあります。
(4) ホッチキスを持っていますか。
　　a．机の引き出しにしめてあるよ。
　　b．机の引き出しにしまってあるよ。
(5) お母さん、おやつある？
　　a．台所にケーキが置いてあるよ。
　　b．台所にケーキを置いていたよ。

もんだい3　 No.41

文を聞いて言葉を書いてください。

例）音が小さくて聞こえないから、音をもっと大きくします。
(1) 髪が長くなったから、明日美容院に行って短くします。
(2) 教室がとてもきたないから、みんなでそうじをしてきれいにしましょう。
(3) 部屋が暗くて本を読むことができないから、電気をつけて部屋を明るくしましょう。

もんだい 4　　　　　　〇 No. 42

男の人と女の人が話します。あとで質問があります。質問の答えはどちらですか、〇を書いてください。

1　パクさんが昨日家へ帰ったとき何がありましたか。
2　ドアのかぎはどうでしたか。
3　パクさんは、昨日の朝どうしましたか。

女：昨日学校が終わって家へ帰ったとき、部屋の電気がついていました。
男：えっ？　パクさんは一人暮らしですよね。
女：ええ、だれかが家に入ったと思いました。
男：それでどうでしたか。
女：ドアのかぎはかかっていました。
男：じゃあ、家を出るとき、電気をつけたまま出たんですね。
女：ええ、学校に遅れると思って急いでいましたから。

質問
1　パクさんが昨日家へ帰ったとき何がありましたか。
　　a．家に人がいました。
　　b．電気がついていました。
2　ドアのかぎはどうでしたか。
　　a．かかっていました。
　　b．開いていました。
3　パクさんは、昨日の朝どうしましたか。
　　a．電気を消して出かけました。
　　b．電気を消さないで出かけました。

ふくしゅう（4）
CDⅢ　No. 43～46

もんだい 1　　　　　　〇 No. 43

文を聞いて言葉を書いてください。

例）A：納豆を食べたことがありませんか。
　　B：いいえ、あります。
(1) 昨日は、部屋をそうじしたり、せんたくしたりしました。
(2) お正月は、家の中で、朝から晩まで横になったままテレビを見ていました。
(3) ビルさんが、ご飯を食べるときにごちそうさまですと言ったから、みんな笑いました。
(4) A：この美術館は、写真を撮ってもいいの？
　　B：ううん、撮ってはだめ。
(5) A：明日も暑いでしょうか。
　　B：ええ、たぶん暑くなると思います。

もんだい 2　　　　　　〇 No. 44

正しい答えはどちらですか。

例）さいふを落としました。
　　a．警察に行ったほうがいいですよ。
　　b．警察に行くほうがいいですよ。
(1) いつ勉強しましたか。

a．お昼休みを使って勉強しました。
　　b．お昼休みを使ったら勉強しました。
(2) 寒くなったらどうするんですか。
　　a．このストーブをつけて暖かくなります。
　　b．このストーブをつけて暖かくします。
(3) ファミリーレストランに行ったことある？
　　a．ええ、ありました。
　　b．ええ、あります。

もんだい3　○ No. 45

a、bの文の意味が同じものには○、違うものには×を書いてください。

例) a．昨日は、秋葉原に行ったり、上野に行ったりしました。
　　b．昨日は、秋葉原や上野に行きました。
(1) a．服を脱がないで寝ました。
　　b．服を着たまま寝ました。
(2) a．自動ドアが開きました。
　　b．自動ドアが開いていました。
(3) a．それ貸してくれない？
　　b．それを貸してくれませんか。

もんだい4　○ No. 46

会話を聞いて、後に読む文が正しいものには○、正しくないものには×を書いてください。

(1) パク：リーさんこんにちは。
　　リー：あ、パクさんこんにちは。(せき)
　　パク：あれっ、今日はアルバイトはどうしたの？
　　リー：風邪をひいて休んだんです。のども痛いし、頭も痛いし、熱もあるんです。
　　パク：ええ〜、大丈夫？明日は試験だよ。
　　リー：はい、でも治らなかったら学校を休みます。
　　パク：そうだね。休んだほうがいいよ。明日は学校のテストだから、違う日に受けることができると思うよ。休むときは電話してね。
　　リー：はい。わかりました。
　　パク：お大事に。

例．リーさんは風邪をひきました。
1．リーさんは、明日アルバイトがあります。
2．リーさんは、風邪が治らなくても学校へ行きます。
3．テストは明日受けなくてもいいです。
4．パクさんはリーさんに、「学校へ行くときは電話してください」と言いました。

(2) 男：あなたは、あそこのレストランでご飯を食べたことがありますか？
　　女：はい、あります。先週の金曜日にスパゲッティを食べました。
　　男：どうでした？

女：とてもおいしかったですよ！お昼はスープとコーヒーが一緒になったメニューがあります。

男：それはいくらですか？

女：980円です。

男：そうですか。あまり高くありませんね。

女：そうなんですよ。あなたも一度食べに行ったほうがいいですよ。おいしいですから。

男：はい、そうします。明日、彼女と行きます。

1. 女の人は先週の日曜日にレストランに行きました。
2. 女の人はあそこのレストランでスパゲッティを食べました。
3. あそこのレストランは、夜のメニューにはコーヒーとスープがついています。
4. 男の人は、「明日レストランへ行く」と言いました。

答案

【第1課】
もんだい1 (1) a (2) b (3) a (4) a (5) b
もんだい2 (1)（d）(30さい) (2)（b）(20さい) (3)（e）(21さい) (4)（a）(49さい)
もんだい3 Ⅰ (1) b (2) a　Ⅱ (1) b (2) a
もんだい4 (1) これは (2) それは (3) あれは
もんだい5 (1) d (2) b (3) c
もんだい6 (1) 1. b　2. b (2) 1. b　2. a

【第2課】
もんだい1 (1) 900 (2) 1200 (3) 800 (4) 13000 (5) 170000
もんだい2 Ⅰ (1) × (2) ○ (3) ×　Ⅱ (1) こちら (2) そちら (3) あちら (4) どちら
もんだい3 (1) b (2) a (3) a
もんだい4 (1) 1. a　2. b (2) 1. b　2. b
もんだい5 1.15000円　2.日本のカメラ

【第3課】
もんだい1 (1) a (2) c (3) c (4) a
もんだい2 (1) 12:10 (2) 9:11 (3) 3:08 (4) 4:01 (5) 10:00～8:00 (6) 9:00～10:30
もんだい3 (1) × (2) × (3) ○
もんだい4 (1) b (2) a (3) a (4) a
もんだい5 Ⅰ (1) ○ (2) × (3) ×　Ⅱ (1) b (2) a (3) b
もんだい6 1. b　2. a　3. a
もんだい7 1.9時から　2.9時から12時半まで　3.3時まで

【第4課】
もんだい1 (1) 4月4日 (2) 2月3日 (3) 5月5日 (4) 8月8日 (5) 10月19日 (6) 9月9日
もんだい2 (1) a (2) a (3) b (4) b (5) b
もんだい3 (1) ①c ②c ③a (2) ①d ②b ③c (3) ①b ②d ③b
もんだい4 (1) 横浜 (2) きょねん (3) ワンさん (4) バス (5) 電車
もんだい5 1. a　2. b　3. b　4. a
もんだい6 1.大阪　2.来週の金よう日　3.ともだち　4.しんかんせん

【第5課】
もんだい1 (1) dでイ (2) bでオ (3) cでエ (4) eでウ
もんだい2 (1) 食べませんでした (2) てがみを (3) えいがを (4) 何をしますか
もんだい3 (1) ひこうき (2) 中国語 (3) としょかん
もんだい4 (1) ○ (2) × (3) × (4) ×
もんだい5 (1) a (2) b (3) a (4) b
もんだい6 1. b　2. a　3. b

【ふくしゅう(1)】
もんだい1 (1) べんきょうします・10:00・8:00 (2) 新宿・3:00・5:00 (3) しゅくだいをします・9:00・9:00
もんだい2 (1) b (2) c (3) c (4) c
もんだい3 3日-d　19日-e　20日-f（＊カレンダーに書く）

【第6課】
もんだい1 (1) g (2) j (3) a (4) e (5) k
もんだい2 (1) かんたんな (2) さむくない (3) どんな (4) とてもゆうめいな (5) きいろいの (6) とてもきれいな・おいしい (7) いそがしかったです・すこし
もんだい3 (1) わたし (2) このみせ (3) ゆうえんち

もんだい4 (1) a (2) b (3) b
もんだい5 1.b 2.a 3.a
もんだい6 1.えきから 2.きれい、えきからとおい 3.学校
【第7課】
もんだい1 (1) b (2) f (3) g (4) h (5) j
もんだい2 (1) サッカー (2) りょうりがすきです (3) やさいがやすいです
もんだい3 (1) a (2) a (3) a (4) b
もんだい4 (1) 話が (2) 国で・英語が (3) どう・かじが
もんだい5 1.b 2.a 3.b
もんだい6 1.すし 2.いいえ、あまりすきではありません 3.あなご
【第8課】
もんだい1 (1) e (2) h (3) a (4) g (5) c (6) f
もんだい2
(1) よんだい (2) ふたり (3) さんぼん (4) いっぽん (5) きゅうまい (6) みっつ (7) はっさつ (8) ここのつ (9) ろっぽん (10) やっつ
もんだい3 (1) × (2) ×
もんだい4 (1) 1回・あります (2) 電車で・かかります・35分ぐらい (3) 今年・何回ぐらい・今年・5回ぐらい
もんだい5 1.b 2.b 3.b
もんだい6 1.とてもしずかなアパート 2.スーパー 3.アパートのうしろ
【第9課】
もんだい1 (1) g (2) d (3) h (4) a (5) e
もんだい2 (1) b (2) b (3) a
もんだい3 (1) a (2) b (3) b
もんだい4 (1)とりに (2)見に (3)しに・会いに
もんだい5 (1) b (2) a (3) a
もんだい6 1.× 2.○ 3.×
もんだい7 1.かいものをし 2.(あたらしい)カメラをかい 3.秋葉原
【第10課】
もんだい1 (1) 読みます (2) はしります (3) そうじします (4) 話します (5) まちます (6) ねます (7) おどります (8) いそぎます (9) はたらきます (10) おしえます
もんだい2 (1) b (2) a (3) a
もんだい3 (1)田中さんのいえ (2)きょねん (3) アルバイト (4) いいえ、けっこんしています
もんだい4 (1) c (2) b
もんだい5 1.b 2.b 3.b
もんだい6 1.○ 2.× 3.○
【ふくしゅう（2）】
もんだい1 (1) あたたかい (2) むずかしい・たのしい (3) 横浜 (4) おいしい・ゆうめいです (5) 北海道・沖縄 (6) なつ休み・京都
もんだい2 (1) つかいにくいです (2) へたです (3) しずかです (4) 書きやすいです
もんだい3 (1) d (2) c (3) h (4) e (5) f
【第11課】
もんだい1 (1) b→l→j (2) a→d→j (3) g→k→b (4) c→h→n (5) e→r→f (6) i→b→o
もんだい2 (1) あそびます・テレビを見ます (2) デパートへ行きます・かいものをします
もんだい3 (1) a (2) a (3) b
もんだい4 (1) いいえ (2) いいえ (3) はい (4) はい
もんだい5 (1) はってから (2) 飲みながら (3) ききながら
もんだい6 1.b 2.a 3.a
【第12課】
もんだい1 (1) 飲まない (2) すわない (3) とらない (4) つけない (5) しめない
もんだい2 (1) c (2) b (3) d
もんだい3 (1) いいえ (2) はい (3) いいえ (4) はい
もんだい4 (1) a (2) a (3) a
もんだい5 (1) b (2) d (3) c
もんだい6 1.○ 2.× 3.× 4.○

もんだい7 1. テスト 2. べんきょうしました 3. テストの前に

【第13課】
もんだい1 (1) a (2) c (3) f (4) b (5) g (6) h
もんだい2 (1) b (2) a (3) b
もんだい3 (1) × (2) ○ (3) ○
もんだい4 (1) いいえ (2) いいえ (3) いいえ
もんだい5 1. a 2. b 3. b
もんだい6 1. ○ 2. × 3. ○ 4. ×

【第14課】
もんだい1 (1) a (2) f (3) e (4) g (5) c (6) i
もんだい2 (1) b (2) a (3) a
もんだい3 (1) だれに・ワンさんに (2) だれに・もらいました (3) もらいましたか・一人で
もんだい4 1. a 2. b 3. b

【第15課】
もんだい1 (1) なる (2) ごうかくする (3) ひく (4) つくる (5) 話す (6) まがる (7) おす (8) わたる
もんだい2 (1) じょうずに (2) はたちに (3) さむく
もんだい3 (1) a (2) a (3) b
もんだい4 (1) 日本語を話すこと (2) ニューヨークでつかうこと (3) あそこのデパートでかうこと
もんだい5 (1) ゆうびんきょく (2) 大学にごうかくできません (3) くるまにきをつけません（きをつけないと）
もんだい6 1. b 2. b 3. b
もんだい7 1. ○ 2. × 3. ○ 4. ×

【ふくしゅう(3)】
もんだい1 (1) のって (2) のりかえて (3) 食べもの (4) おいしくて (5) きれいな (6) 明るくて (7) おもしろかった（おもしろい） (8) きれいで (9) ひろい (10) コーヒーをのみ (11) 見ていました（見ました）
もんだい2 (1) × (2) × (3) ○ (4) × (5) ×
もんだい3 (1) はい (2) いいえ (3) はい (4) はい
もんだい4 (1) ふゆになる・スキーをしたく (2) むずかしい本を読む・ねむく (3) クリスマスになる・こいびとがほしく (4) テストがおわる・ひまに (5) おさけをたくさんのむ・きもちわるく

【第16課】
もんだい1 (1) のぼった (2) 見た (3) 食べた (4) えんそうした (5) おわった (6) かんだ
もんだい2 (1) a (2) b (3) a
もんだい3 (1) あそんだり・見たり (2) およいだり・のぼったり (3) 見たり・食べたり
もんだい4 (1) ○ (2) ○ (3) ×
もんだい5 (1) じゅぎょうのあと (2) いえへかえったあと (3) ごはんを食べたあと
もんだい6 1. × 2. ○ 3. ○ 4. ×
もんだい7 1. かぶきを見に行きました 2. 京都 3. おてらをたくさん見ました

【第17課】
もんだい1 (1) おもう (2) 来ない (3) 行かない (4) だね (5) うん、いい
もんだい2 (1) b (2) i (3) d (4) h (5) g
もんだい3 (1) × (2) ○ (3) ×
もんだい4 (1) b (2) b (3) b
もんだい5 (1) ○ (2) ×
もんだい6 1. ほしがたくさん出ています 2. はなびがあります 3. はじめて（花火を）見ます

【第18課】
もんだい1 ＊絵
もんだい2 (1) a (2) a
もんだい3 (1) バス・行ったほうが (2) つかったほうが (3) おさけを飲まないほうが
もんだい4 1. b 2. b 3. a

【第19課】
もんだい1 (1) d (2) b (3) f (4) g (5) a
もんだい2 (1) びょういん (2) 学校へ来るとき (3) テレビのニュース

もんだい3　(1) ×　(2) ×　(3) ○　(4) ×　(5) ○
もんだい4　(1) しんせつだし・おいしいし・やすい　(2) じけんもおおいし・ぶっかも高いし　(3) 日本語も・パソコンも・入ることが
もんだい5　1. ×　2. ×　3. ×　4. ○
もんだい6　1. b　2. a　3. b

【第20課】
もんだい1　(1) b　(2) a　(3) b　(4) b　(5) b　(6) b　(7) a　(8) a
もんだい2　(1) a　(2) b　(3) a　(4) b　(5) a
もんだい3　(1) 長く・みじかくします　(2) きたないから・きれいに　(3) くらくて・読むこと・明るくしましょう
もんだい4　1. b　2. a　3. b

【ふくしゅう(4)】
もんだい1　(1) へやをそうじしたり　(2) よこになったまま　(3) ごちそうさまです　(4) とってはだめ　(5) あついでしょうか・あつくなる
もんだい2
(1) a　(2) b　(3) b
もんだい3　(1) ○　(2) ×　(3) ○

もんだい4　(1) 1. ×　2. ×　3. ○　4. ×
(2) 1. ×　2. ○　3. ×　4. ○

＊第18課　もんだい1

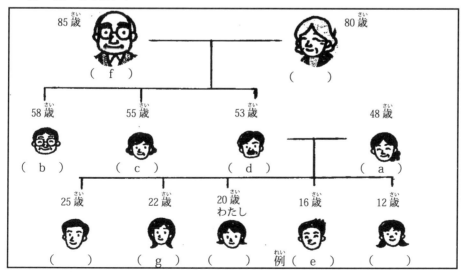